Hartmut Friedrich

Sketche
und spielbare Witze
für bunte Abende und andere Feste

Das Verlagsprogramm bietet jährlich ein großes Angebot immer wieder neuer Sketch-, Vortrags- und Witzbücher.
Informieren Sie sich bei Ihrem Buchhändler.

CIP-Kurztitelaufnahme der Deutschen Bibliothek

Friedrich, Hartmut:
Sketche und spielbare Witze: für bunte Abende u.a. Feste / Hartmut Friedrich. – [Nachaufl.]. – Niedernhausen/Ts.: Falken-Verlag, 1982.
  (Falken-Bücherei)
  ISBN 3-8068-0445-1

ISBN 3 8068 0445 1

© 1978/1982 by Falken-Verlag GmbH, 6272 Niedernhausen/Ts.
Zeichnungen: Edith Kuchenmeister
Gesamtherstellung: Neuwieder Verlagsgesellschaft mbH, Neuwied

Inhalt

Vorwort *6*
Die vier großen »W« *7*
  Wer spielt? *7*
  Was wird gespielt? *8*
  Wo wird gespielt? *18*
  Wie wird gespielt? *20*
Der Glückspilz *27*
Vom Regen in die Traufe *34*
Können Wanzen lügen? *41*
Pipapola oder das Wundermittel *47*
Der Schmuck der Soraya *52*
Russisches Roulette mit Cognac *60*
Der dritte Mann *72*
Kleiner Faschingsscherz *74*
Die Hutschachtel *77*
Striptease (Sketch ohne Worte) *81*
Die Rumsuppe *82*
Der Hellseher (Vexier-Sketch) *84*
Nein, diese Irren! *89*
Schwarze Milch *97*
Kneipengespräche (Omnibus-Sketch) *94*
Vor Gericht *103*
Beim Onkel Doktor *105*
Tischgespräche *106*
Im Vorübergehen (Omnibus-Sketch) *108*
Ein Mercedes für eine Mark *114*
Scheidungsgründe *118*

Vorwort

Liebe Leserin, lieber Leser, durch den Erwerb dieses Büchleins haben Sie bewiesen, daß Sie ein kreativer Zeitgenosse und noch nicht hoffnungslos fernsehkrank sind. Sie sind ein Mensch, der spielen will. Und weil Sie mit Ihrem Spiel anderen Menschen Freude machen wollen, sind Sie ein netter Mensch. Und weil Sie mir darum sympatisch sind, will ich mich sehr bemühen, Ihnen Ratschläge zu geben, die Ihnen helfen mögen, Ihr Unternehmen mit Erfolg zu krönen.
Da Sie mit Feuereifer an die Sache herangehen, dürfen Sie von mir erwarten, daß ich Sie nicht mit theoretischen Erörterungen langweile: in welche Kategorien sich Sketche einteilen lassen, über die soziologische Bedeutung des Laientheaters, über die therapeutische Funktion des weitergereichten Witzes und dergleichen Themen, über die es kluge Bücher gibt. Das alles interessiert uns hier nicht, weil es für unser Vorhaben praktisch überhaupt keinen Nutzen bringt.
Mit Ihrem Entschluß, spielen zu wollen, haben Sie das Zutrauen zu sich, daß Sie es auch können. Sie wissen nur noch nicht, was und wie. Sehen wir zu, wie wir diese beiden Unsicherheitsfaktoren am schnellsten ausschalten können. Halten wir uns an die Grundregel für jeden Reporter, der einer Sache auf den Grund kommen will mit den Fragen: wer, was, wo, wie?

Die vier großen »W«

Wer spielt?

Sie und Ihre Mitspieler sind die Akteure; Menschen, die sich verstehen, sich mögen, also eine richtige Crew bilden. Es ist Voraussetzung für jedes gute Gelingen, daß alle Beteiligten miteinander harmonisieren, daß sie auf der gleichen Wellenlänge senden. Wenn wir auch den Rollenneid der Berufsmimen nicht kennen, so möchte doch jeder begeisterte Spieler auch einmal zeigen, was in ihm steckt. Ein Sketch ist aber nun ein Kurzspiel mit nur wenigen Rollen, im Höchstfall vier bis sechs. In Frankreich, dem Eldorado der Dreiecksgeschichten, sind es meistens drei. Im Zweiersketch, der am häufigsten ist, kann es gleichwertige Partner geben, doch fast immer wird hier das Spiel von einem Darsteller getragen, dem »Kassierer« (dem, der die Lacher kassiert), während der andere Zubringer oder »Reifenhalter« ist. Liegt nicht eine allseits anerkannte Begabung eines Spielers vor, sei empfohlen, zwei Sketche zu spielen, wobei im zweiten der »Reifenhalter« des ersten Hauptdarsteller ist. Schließlich will jeder einmal drankommen, wie ja auch in jedem gut gebauten Bühnenstück jeder Darsteller einmal »seine« Szene hat.

Dann sind da noch zwei, ohne die es nicht geht. Zunächst einmal der – nennen wir ihn wie bei der niederdeutschen Bühne – Spielboß. (Der hochtrabende Titel Regisseur könnte leicht zu Arroganz führen.) Es muß einer im Zuschauerraum kontrollieren, was auf der Bühne geschieht. Zweitens brauchen wir einen Inspizienten oder Bühnenwart, zumal wir beim modernen Sketch ja viel mit technischen Hilfsmitteln arbeiten. Für alle Raffinessen (Telefon, Rundfunk, Recorder, Beleuchtungseffekte) und pünktlichen Auftritte ist er zuständig, während der Spielboß nach der Generalprobe seine erste Aufgabe erfüllt hat. Ihm kommt bei der Aufführung allerdings noch eine andere wichtige Funktion zu, nämlich das Publikum – möglichst munter plaudernd – in die richtige Stimmung zu versetzen.

Früher gab es den Conferencier, der vor jeder Nummer, die er ansagte, einen Witz erzählte; heute findet man ihn nur noch vereinzelt bei »Bunten Abenden«. In Rundfunk und Fernsehen heißt er heute Moderator, und seine Aufgabe ist lediglich, die Sendung in Gang zu halten. (Vom Quizmaster soll hier nicht die Rede sein.) Wir bleiben beim alten Wort Ansager. Ich rate, jede Darbietung, auch jeden Sketch, anzukündigen – sei es durch knappe Information wie Titel, Personen und Darsteller des Stückes nebst nebulösen Andeutungen über das, was die Leute erwartet, oder durch eine launige Plauderei. Hier ist ein Unterschied, ob wir vor einem großen oder kleinen Kreis spielen. Im Intimbereich des Zimmertheaters und vor Freunden und Verwandten kann man leicht und locker drauflosreden, persönliche Anspielungen machen und vielleicht sogar – mit parodistischem Pathos – eine noch nie dagewesene Sensation verkünden. Vor einem humorigen Kreis geht es auch umgekehrt (wie es in England üblich ist). Da erklärt der ›Entertainer‹, das Stück sei unter aller Kanone, die Schauspieler seien völlig untalentiert, außerdem könnten sie ihre Rollen nicht, und er rate den Leuten, lieber den Fernseher einzuschalten oder ins Kino zu gehen. Aber da sie nun schon mal da seien, könnten sie auch auf ihren bequemen Stühlen sitzen bleiben und sich langweilen – und er geht ab mit einem »Ich wünsche behagliches Gähnen«! Dann muß allerdings der nachfolgende Sketch groß ankommen, man muß seiner Sache also sehr sicher sein.

Sonst brauchen wir keine Hilfskräfte. Nehmen wir an, wir spielen einen Zweiersketch, dann sind wir mit Spielboß und Inspizient zu viert, denn selbstverständlich lassen wir es uns nicht nehmen, für Dekorationen und Kostüme selbst zu sorgen. Diesen Spaß wollen wir uns doch nicht nehmen lassen!

Das Sprichwort, Vorfreude ist die schönste Freude, gilt auch für uns. Die Vorbereitungen und die Proben sollten uns genausoviel Vergnügen bereiten wie die Aufführung selbst. Seien wir darum nett zueinander! Wenn wir die Probenzeit ohne kleinliche Streiterein durchstehen und harmonisch an die Aufführung gehen, haben wir uns schon allen Profis überlegen gezeigt, bei denen Theaterkräche an der Tagesordnung sind. Freilich müssen Meinungen ausgetauscht werden, denn ohne Mitbestimmung eines jeden – das wäre ja noch schöner! Aber da ist ein Haken dabei. Selbst ein Kleinsttheater funktioniert nicht ohne Disziplin, und selbst eine Minutenszene, die sich im Scheinwerferlicht vor dem Publikum abspielt, erfordert Einordnung ins Ganze. Darum also der Spielboß!

Pädagogen sprechen vom »Spielalter« – ich nicht. Ich bin der Meinung, daß für spielfreudige Menschen keine Altersbeschränkung existiert. Es gibt talentierte Kinder und quicklebendige Greise; wer sich aber nicht gern mitteilt und anderen – im guten Sinne – »etwas vormacht«, wird sich bei der Aufführung eines Stückes besser mit der Rolle des stillen Zuschauers begnügen. Eine natürliche Begabung kann sich früh regen, und wer sie einmal besitzt, wird sein Leben lang Freude am Spiel haben.

Was wird gespielt?

Wir spielen einen Sketch. Das englische Wort, von dem übrigens durch ein Mißverständnis auch das Wort Kitsch abgeleitet wird, bedeutet Skizze. Der Sketch ist also kein farbig ausgeführtes Bühnenwerk, sondern ein meist in Schwarz-Weiß-Manier umrissenes Kurzspiel, ein Einakter von höchstens einer Viertelstunde Dauer. Die Handlung marschiert kurz und bündig auf ein Ziel zu: den überraschenden Schluß. Meist wird es ein Satz sein. Die optische Pointe – etwa das verblüffende Auftreten einer unerwarteten Person – ist immer besser als eine verbale, die bloß aus Worten besteht. Daß der Schluß zur gewünschten Wirkung kommt, dafür wollen wir sorgen – aber das besprechen wir beim »Wie«, auf das es eben immer ankommt, im Leben wie auf der Bühne.

Der Sketch – unsere Spielvorlage – ist entweder ein von einem Autor vorgefertigter Text oder ein selbstgestrickter. Auch hier bin ich der Meinung: Eigenbau ist immer gut, Handarbeit ist jeder Fabrikware überlegen, und was Mutter kocht, schmeckt besser als Kantinenmahlzeiten. Natürlich gibt es raffinierte Gerichte in teuren Restaurants, und von Zeit zu Zeit ißt man gern auch einmal auswärts. Was wir hier jedoch vorhaben, ist – um bei dem Bild zu bleiben – Hausmannskost.

Beschäftigen wir uns zunächst mit vorliegenden Texten. Zwei Punkte gilt es zu beachten:

1. Wir müssen alles, was wir spielen, gut finden. Die Story muß also allen Beteiligten ebenso gefallen wie die jeweilige Rolle.

2. Die Geschichte muß für unser Publikum geeignet sein. Wir wollen ja niemanden schockieren, sondern alle amüsieren. Sind wir überzeugt, die Sache liegt uns und wird ankommen, dann nichts wie ran!

Wir führen also eine lustige Geschichte vor. (Von Ausnahmen soll später die Rede sein.) Das Wichtigste ist – ich kann es nicht oft genug betonen – die Pointe, der Knaller, der fast nur durch eine überraschende Wendung zu erreichende Schlußeffekt. Dabei kommt es nicht einmal so sehr darauf an, ob er logisch, also im realen Sinn glaubwürdig ist. Hauptsache, er kommt unerwartet. Wir lachen ja so gern darüber, wenn die Welt auf den Kopf gestellt wird. Allerdings sollte die Schlußpointe nicht allzusehr an den Haaren herbeigezogen, aber auch nicht zu dick vorbereitet sein, denn dann ist sie ja nicht mehr verblüffend.

Damit sind wir beim Thema. »Wie schreiben wir uns selbst einen Sketch?« Hier gibt es wieder zwei Möglichkeiten: Entweder wir schreiben das Stück nach einer vorhandenen Story oder wir dramatisieren eine Geschichte aus dem Leben.

Welche gedruckten Vorlagen sind nun für unsere Zwecke geeignet? Heitere Kurzgeschichten gibt es in Hülle und Fülle, aber nur wenige sind sketchgerecht. Warum? Um das hochtrabende Wort »Dramaturgie« zu vermeiden: Wo Ordnung herrschen soll, müssen gewisse Regeln eingehalten werden. Wie für unser Staatsgefüge gibt es auch für das Theater ein Grundgesetz, dessen Weitläufigkeiten uns hier nicht interessieren sollen. Zeit und Ort unserer kurzen Szene vertragen keinen Wechsel, weder in der Dekoration, noch in den Kostümen. (Ausnahmen bestätigen die Regel.) Die Spielhandlung sollte sogar mit der Uhrzeit identisch sein. Außerdem sollte uns klar sein, daß hier nur wenige Spieler sind, und zwar keine großartigen Originale, sondern Typen, die nicht über Gott und die Welt philosophieren, sondern einen kleinen Vorgang konsequent und möglichst komisch vorführen wollen. Der Dialog muß also konzentriert sein, das heißt einfach und knapp; er sollte keine überflüssigen Sätze enthalten, die von der auf den Endpunkt abzielenden Handlung ablenken. Um es mit einem Beispiel zu sagen: Ein Clown erklettert eine Leiter, Stufe um Stufe steigt er hoch. Oben angekommen guckt er in die Luft, glaubt, noch eine Stufe vor sich zu haben – er schreitet groß aus und plumpst natürlich auf der anderen Seite hinunter. Dieses Akrobatenkunststückchen ist Musterbeispiel für eine optische Pointe. Ein idealer Sketch ist der, bei dem die Aktion den Dialog überwiegt.

Von hundert famosen Kurzgeschichten erfüllen kaum zwei oder drei diese für einen Sketch nötigen Voraussetzungen. Gehen Sie dennoch unentmutigt auf geistige Entdeckungsreisen, durchforsten Sie den Bücherwald Ihrer Bücherei! Im übrigen ist es schließlich keine Qual, komische Geschichten zu lesen. Machen Sie sich bitte die Mühe, es wird sich bestimmt lohnen. Sicher sind Sie kein blindes Huhn und werden mehr als ein Korn finden. Selbstverständlich sind Stories aus dem Alltag, aus unserer gegenwärtigen Umwelt besonders geeignet, doch lassen sich auch Geschichten, die in früherer Zeit spielen, modernisieren.

Außer Büchern gibt es noch eine Menge Angelgebiete, um schmackhafte Fische für unsere Sketch-Festmähler an Land zu ziehen: Film, Funk, Fernsehen, Kabarett, Illustrierte, Zeitungen. Vom Fernsehen können wir uns vermutlich am meisten Anregungen holen. Natürlich spielen wir nicht einfach einen Sketch aus »Klimbim« oder einer Show nach, sondern entlehnen nur das eine oder andere Motiv, um es mit Episoden aus unserer persönlichen Sphäre zu bereichern. Das Gleiche gilt für den Film. Die sogenannten Slapstick-Lustspiele aus der Stummfilmzeit sind wahre Fundgruben für uns. Vom Kabarett sei nur am Rande die Rede. Die zeitkritische Tendenz des Kabaretts, dessen Existenzberechtigung ja darin besteht, durch Satire Mißstände in Staat und Gesellschaft anzuprangern und den Bürger durch sarkastische Übertreibungen politisch zu mobilisieren, ist nicht unser Ziel. Wir wollen, wie gesagt, nicht provozieren, sondern unser Publikum die Alltagssorgen und das Unbehagen am Ränkespiel der Weltgeschichte vergessen lassen. Wir nehmen allenfalls einmal kleine menschliche Schwächen aufs Korn, Dummheiten, gegen die wir selber nicht gefeit sind. Wir wollen, daß die Leute lachen, sonst nichts.

Worüber lacht der Mensch? Auch darüber haben Philosophen dicke Bücher geschrieben, an denen nur ihre völlige Humorlosigkeit komisch ist. Die großen Denker haben übereinstimmend herausgetüftelt, war wir schon lange wissen: Der häufigste Grund ist Schadenfreude, eine leider ungute Angewohnheit des homo sapiens, aber eben eine menschliche. Es kommt immer auf die Dosis, auf die Grenze an, wo

Medizin zum Gift wird. Nun, wir brauchen ja nur ein Quentchen von dieser Substanz. Der zweite Hauptgrund für Gelächter: wenn etwas völlig Unerwartetes geschieht. Das ist das Pfund, mit dem wir wuchern. Mit dieser Absicht richten wir unsere plündernden Augen auf alle lustigen Geschichten in Illustrierten und einschlägigen Zeitschriften. Aber Vorsicht vor Plagiaten! Wir wollen nicht abschreiben, sondern uns nur anregen lassen, allenfalls das Grundmotiv übernehmen und auf unsere Weise zubereiten. Unbedenklicher können wir aktuelle Zeitungsmeldungen verarbeiten. Nachrichten über tatsächliche Vorfälle, Gerichtsberichte und so weiter unterliegen keinem Urheber- Rechtsschutz. Und Journalisten sind ja stets auf Jagd nach ungewöhnlichen, komischen und unglaublichen Geschichten, die irgendwo in der Welt (angeblich) passiert sind. Wie man einen solchen »Tatsachenbericht« spielgerecht zubereitet, habe ich für Sie in meinem Sketch »Der Glückspilz« aufzuzeigen versucht. Wichtig ist, daß die Personen vor den Augen der Zuschauer lebendig werden, und es muß eine Pointe geben, die dem Geschehnis den bitteren Geschmack nimmt. Sie ist im Fall des »Glückspilzes« kein Knalleffekt, eher märchenhaft, aber wohltuend versöhnlich. Natürlich muß unser Held sympathisch erscheinen. Dafür soll die Braut, von der die Rede ist, nicht die beste sein, damit die Wirtin zum Ziel kommen kann – und das muß sie, sonst stünde der Polizist als gar zu großer Trottel da, und der Zuschauer schwankte zwischen Mitleid und Schadenfreude, wäre aber in jedem Fall unbefriedigt. Wenn hingegen das Happy-End hübsch ausgespielt wird, ergibt sich ein Schmunzelschluß, der das Publikum entläßt.
Die Themenwahl richtet sich nach unserem Publikum. Alles, was wir spielen, muß nachvollziehbar sein. Meiden Sie das Ausgefallene und allzu Phantastische! Aber Sciene Fiction, Computer und Roboter sind heute schon jedem Kind geläufig. Am besten wählen Sie, bei Betriebsfeiern etwa, ein Thema aus Ihrem Berufsbereich. Damit sind wir bei meiner Lieblingsthese: Ein Kurzspiel nach einem eigenen Erlebnis, nach einem Vorfall aus der persönlichen Umgebung, einer Begebenheit, die dem Zuschauerkreis vertraut ist, hat eine durchschlagendere Wirkung als jeder »literarische« Sketch.
Sie sind in einem Geschäft tätig? Was sind Ihnen nicht schon für komische Kunden vorgekommen! Was passiert nicht alles in einer Fabrik, einer Werkstatt, einem Büro, einem Amtszimmer! Jeder hat schon Sachen erlebt, von denen er sich sagen mußte: Wenn mir das einer erzählen würde, ich würde es nicht glauben! Das sind Ihre Stoffe! Außerdem kann das Fabrizieren eines solchen Sketchs sogar ein Befreiungsakt für Sie persönlich sein. Schreiben Sie nur einmal nieder, was Sie Ihrem Chef gern sagen würden, wenn Sie dürften. Malen Sie sich Wunsch-Situationen aus, führen Sie sie ad absurdum, das heißt: ins Unsinnige, Unwahrscheinliche, aber so sehr Wünschenswerte – Sie haben die Lacher garantiert auf ihrer Seite.

Kein großes Gebäude kann ohne Architekten errichtet werden. Selbst für Ihre kleine »Hütte« brauchen Sie einen Plan. Um also noch einmal kurz vom dramaturgischen Fundament zu sprechen: Sobald der Vorhang auf-, beziehungsweise das Licht angeht, muß man auf den ersten Blick erkennen, was die Szene darstellen soll, also wo die Geschichte spielt. Sobald Personen auftreten, muß man möglichst schnell erfahren, wen sie darstellen, also wer sie sind. Darf ich ein klassisches Musterbeispiel einschalten? Die ersten Worte im »Don Carlos« von Friedrich Schiller spricht der Beichtvater des Königs: »Die schönen Tage in Aranjuez sind nun zu Ende. Eure königliche Hoheit verlassen sie nicht heiterer.« In zwei Sätzen erfahren wird, wo wir sind: Aranjuez, und daß es nur ein Ferienaufenthalt war; wer die Hauptperson dieses Stückes ist: der Prinz, und daß er hoffnungslos der Melancholie verfallen ist. Besser und kürzer kann man nicht mehr informieren. Nun, wir wollen nicht so hoch hinaus. Für uns genügt es, wenn die Auftretenden sich mit ihrem Namen (oder Titel) ansprechen.

Die Regel, daß man eingleisig dem Ziel zufahren soll, daß also jeder Satz eine Ansteuerung der Schlußpointe zu sein hat, ist zwar richtig, trifft aber nicht in jedem Fall zu. Absolut gilt sie nur für den gespielten Witz, dessen Würze bekanntlich in der Kürze liegt. Für unseren »Privatsketch« rate ich Ihnen, auch Anspielungen hineinzupacken, die zur Erheiterung beitragen, selbst wenn sie im Moment ein wenig vom »Endziel« ablenken. Natürlich darf der Handlungsfaden durch die »Abwegwitze« nicht verloren gehen. Raffinierte Autoren benutzen diese Methode sogar als Stilmittel, um die Spannung zu erhöhen, wie etwa ein Zauberkünstler durch seine hübsche, gut gebaute Assistentin das Publikum in dem Moment ablenken läßt, in dem er seinen Trick ausführt. Doch das will gelernt sein.

Einen Vorteil haben Sie gegenüber Berufshumoristen: Sie beherrschen den Jargon Ihrer Zuschauer, kennen die Spezialausdrücke, Tarnbezeichnungen und Spitznamen. Benutzten Sie sie! Schreiben Sie überhaupt in der Tonart, die bei Ihnen üblich ist. Verfertigen Sie keine druckreifen Sätze! Vermeiden Sie Schreibtisch- oder Zeitungsdeutsch! »Dem Volk auf's Maul schauen« hat schon Luther empfohlen. (Über Dialekte reden wir beim »Wie«). Ihr Text ist also allgemein verständlich, einfach, eben »echt« – vor allem so, daß ihn jeder Spieler ohne Schwierigkeiten sprechen kann. Das nämlich ist ausschlaggebend, damit er deutlich bleibt, inhaltlich wie akustisch. Jeder, der im Zuschauerraum sitzt, muß jedes Wort, das auf der Bühne gesprochen wird, verstehen können, mit seinen Ohren und mit seinem Verstand. Maßgerecht zubereitet ist also eigentlich alles spielbar, was es in der Welt und im Leben gibt, insofern es die Grenzen des guten Geschmacks nicht überschreitet. Ganz groß in Mode sind Krimis. Kein Wunder, bei der Flut im Fernsehen! Hier betreten wir jedoch Neuland, da ein Krimisketch nur selten mit einer Witzpointe enden wird. Das Wichtigste beim Krimi ist die Spannung. Die Durbridge-Verwirrmasche hat sich verbraucht. Außerdem brauchen wir zu dem »Wer-ist-der-Mörder-Spielchen« mehr Zeit, als uns oft zur Verfügung steht. Mein Muster »Russisches Roulette mit Cognac« möge Ihnen ein Ansporn sein, mich zu übertreffen! Krimisketche lassen sich übrigens auch als Ratespiel inszenieren, frei nach Jürgen Rolands Serie »Dem Täter auf der Spur«. Verarbeiten Sie Kurzkrimis, wie sie wöchentlich in fast allen Illustrierten erscheinen, und lassen Sie vor der Auflösung des Falles den Täter erraten.

Da die Geschichten meistens mehr Handlung haben, als wir in unserem Kurzspiel unterbringen können, empfiehlt sich die sogenannte »Geisterstimme«, mit der sich Drehbuchschreiber gern aus der Klemme ziehen. Auf der Bühne werden also nur zwei oder drei markante Szenen ausgespielt, die notwendige Überleitung, den »Faden« hören wir von einem Sprecher über Mikrophon, oder der Spielboß steht am Rampenrand und erzählt, was zwischen den Szenen passiert.

Damit kommen wir zum Stegreifspiel. Das ist das Schwerste und Leichteste zugleich, je nachdem, wie man es auffaßt und wie man es anpackt. Ganz ohne Fahrplan wird der Zug wahrscheinlich entgleisen. Außerdem muß ein Lokomotivführer da sein, und man muß wissen, wohin man fährt. Praktisch heißt das: Thema und Ziel werden festgelegt. Dann wird – man darf das Wort Stegreifspiel nicht allzu wörtlich nehmen – geprobt. Dabei fällt diesem das, jenem jenes ein, was man, wenn es witzig ist, beibehält. Zuletzt wird ein »Teppich« festgelegt. Das heißt: Jeder Spieler lernt seine ersten und letzten Sätze auswendig und ein Stichwort gilt für alle als Signal, auf den Schluß zuzusteuern. Diese Technik habe ich vom Rundfunk, aus der grauen Periode, als es noch Live-Sendungen gab.

Regisseur Enzensberger inszeniert seine Fernseh-Serien »Das Fernsehgericht tagt« und »Ehen vor Gericht« auf diese Methode. Bei den Aufzeichnungen selbst spricht jeder Beteiligte frei und sagt, was ihm gerade einfällt. Machen Sie es genauso! Wissen Sie übrigens, warum Enzensberger nur in Notfällen Schauspieler beschäftigt? Weil Laien natürlicher sind! Auf dieses Kapitel komme ich beim »Wie« noch zurück.

Das Improvisations-Spiel gab es vor Jahrhunderten schon einmal; es hieß damals »commedia dell arte«. Wie man so etwas auf die Beine, beziehungsweise Bühne stellt? Ganz einfach. Unter der Annahme, einen Verkehrsunfall (erheblicher Blechschaden!) klären zu müssen, bittet der Spielboß Damen und Herren aus dem Publikum, sich als Augenzeugen zu melden.

Jeder von uns hat erlebt, wie haarsträubend solche Aussagen sich in der Wirklichkeit widersprechen. Wenn die Mitspieler nur ein wenig übertreiben (in ihrem Text, nicht im Spiel!), sich womöglich angiften, kann eine sehr komische Geschichte daraus werden. Ich möchte bei der Gelegenheit sagen: »Schlag nach bei Kishon!« Wenn Sie sich die »Masche« des genialen Humoristen als Muster nehmen, werden

Sie bald treffsichere Sketche am laufenden Band produzieren können. Ganz kurz noch einige Anregungen für improvisierte Gemeinschaftsspiele: »Omas Geburtstag«, »Die Testamentseröffnung«, »Fernsehen am Samstagabend«, »Bei uns wurde eingebrochen«, »Hurra, wir haben sechs Richtige« und »Der Familienausflug« in drei Teilen: Vorbereitung, Picknick, Heimkehr. Na, zündet ein Funken? Denken Sie nach! Es fällt Ihnen zu diesen Stichworten garantiert etwas ein! Welche Themen wählen wir? Das kommt auf den Anlaß an. Für Verlobungs-, Hochzeits- und Tauffeierlichkeiten oder bei Konfirmationen und groß gefeierten Geburtstagen, also für alle Darbietungen im Familienbereich, bevorzugen wir selbstverständlich Themen aus dem Umkreis der Verwandtschaft. Hier, um es paradox zu sagen, blüht der Weizen für Flachs. Auf Großveranstaltungen schlagen wir andere Töne an, kommen aber auch hier der Mentalität des Publikums entgegen. Am schönsten ist es natürlich, wenn es uns gelingt, die »Leute da unten« aus ihrer Lethargie zu locken und nicht nur zusehen und zuhören, sondern mitspielen zu lassen.

Das ist das momentane Modewort des modernen Theaters: »Aktivierung des Publikums«. Es ist aber nicht so einfach, die Leute vom bequemen Zusehen zum Mitmachen zu bewegen. Die großen Bühnen tun sich schwer damit. Wir haben es insofern einfacher, als unser Publikum ein geschlossener Kreis ist – wir nehmen jedenfalls an, daß unsere Zuschauer und Zuhörer sich untereinander kennen. Eine Gemeinschaft ist immer leichter dazu zu bringen, sich zu beteiligen, denn unter Bekannten geniert man sich nun einmal nicht so, wie in der Öffentlichkeit.

Einen Schritt weiter geht das »Gerichtsspiel«, das Sie frei nach »Das Fernsehgericht tagt« seriös oder als allgemeines Amüsement durchführen können. Im ersten Fall muß jeder seine Rolle ernst nehmen, sich in den Angeklagten, Verteidiger, Staatsanwalt, Richter oder Zeugen versetzen; alle Mitspieler müssen bestrebt sein, den Fall zu klären, und sind, wie jedes Gericht, um »Wahrheitsfindung« bemüht. Mätzchen verbieten sich hier.

Wir können aber auch die andere Serie »Ehen vor Gericht« parodieren und durch persönliche Bezüge Heiterkeitsstürme erregen. Oder einen Fall konstruieren, der Anlaß zu komischen Entgleisungen bietet. Eine erprobte Gerichtsverhandlung, die immer wieder, oft minutenlang, durch allgemeine Lachanfälle unterbrochen wird (nur für Erwachsene): Ein Modephotograph ist angeklagt, von einer Minderjährigen in einem Hotel Aktfotos und daselbst einen Verführungsversuch unternommen zu haben. Wie versucht er sich herauszureden? Lügt er oder das »Opfer«? Was sagt die Mutter dazu? Wie äußern sich die Zeugen? Ein Fensterputzer? Das Stubenmädchen? Der Hotelier? Wie die Sachverständigen, der Arzt, der bestätigt, daß das Mädchen noch virgo intacta ist, und der Psychiater, der den Geisteszustand des Angeklagten untersucht hat?

Und was schreibt der Reporter in der »Bild-Zeitung« über den Prozeß? Nehmen Sie sich irgendeinen Gerichtsbericht aus einer Tageszeitung vor, der Ihnen aufgefallen ist, weil die Umstände des Prozesses irgendwie ungewöhnlich waren.

Ob Ernst, ob Spaß, das sind anspruchsvolle Spiele, die sich nur in einem homogenen Kreis verwirklichen lassen. Allgemeiner und für das mitwirkende Publikum nicht so anstrengend ist der »Vexier-Sketch«, übrigens ein Original-Vorschlag von mir, etwas völlig Neues also.

Zunächst spielen wir einen normalen Sketch – keinen allzu langen, Sie werden gleich merken, warum. Vor Beginn bittet der Spielboß das Publikum um besondere Aufmerksamkeit, da er nach der Aufführung eine Dame und einen Herrn ersuchen werde, Kritiker zu spielen, also eine fachgerechte Kritik zu verfassen, wie sie in den Zeitungen steht. Darum möge jeder sich Bühnenbild, Kostüme, die Darsteller und ihr Spiel fest einprägen. Nach der Aufführung entpuppt sich die Ansage teilweise als Irreführung. Zwar werden eine Dame und ein Herr gebeten, das Kritikeramt zu übernehmen, und sie dürfen sich, um ihre Fachkritik zu verfassen, auch zurückziehen. Unterdessen sind aber Zettel verteilt worden, und der Spielboß erklärt nun, man werde den Sketch noch einmal spielen – allerdings nicht mehr genau so wie vorher, und man möge bitte genau aufpassen, was alles anders ist. (Der Hinweis auf die Bildseite in »Hör Zu« – »Original und Fälschung« wird jedem sofort klar machen, worum es geht.) In der Zwischenzeit sind auf der Bühne Veränderungen in der Dekoration sowie bei den Kostümen der Darsteller vorgenommen worden. Nur einige Beispiele: Stuhl statt Sessel, Möbel umgestellt, Zeiger der Uhr verstellt, andere Tischdecke, Fenster im Hintergrund erst offen – jetzt geschlossen etc; die Darstellerin hat jetzt eine andere, aber ähnliche Bluse an, beziehungsweise Kleid, Rock oder Hose sind leicht verändert! Der Darsteller trägt jetzt Fliege statt Schlips, den Anzug vorher ohne, jetzt mit Weste, braune statt schwarze Schuhe etc. Außer diesen optischen Variationen können Sie Textveränderungen (nicht zu viel!) vornehmen.

Nach der zweiten Aufführung müssen die Zettel abgegeben werden, auf denen jeder die Zahl der »Fehler«, die er feststellte, vermerkt hat. Für die ersten drei »Sieger« können Preise ausgesetzt werden. Dann werden die »Kritiker« wieder hereingebeten, um ihre Erzeugnisse vorzulesen. Anschließend wird diskutiert.

So kann es sogar zu einer dritten Aufführung mit neuen Variationen kommen, bei denen sich vielleicht die drei Preisträger etwas ausdenken. Mit Lust und Laune kann ein solches Spiel zu einer abendfüllenden Unterhaltung ausgedehnt werden, bei der alle auf ihre Kosten kommen.

Spätestens seit Otto ist das »Blödeln« in. Wenn da einer erst einmal anfängt, kann er meist nicht aufhören. Aber Vorsicht! Auch Kalauern will gelernt und geübt sein. Man kann die Zuhörer leicht überfordern. Ich habe es erlebt, wie drei prominente Autoren und ein berühmter Filmstar das Drehbuch für einen Lustspielfilm zurechtbastelten und sich dabei über ihre verquerten Witzchen halb tot lachten. Im Kino aber gähnten die Leute und der Film wurde eine Totalpleite.

Doch zur Füllung eines Programms kann eine Blödelnummer ungeheuer auflockernd wirken, wenn sie gekonnt dargeboten wird, als Solo oder auch als Nonsens-Gespräch zu zweit oder dritt. (Wenn Sie Gelegenheit haben, hören Sie sich einmal die Sendung »Hammer und Sichel« im NDR an!) Das Material können Sie sich aus vielerlei Quellen zusammensuchen, alle Illustrierten und Fernsehzeitschriften haben so eine »verrückte« Vorsatzseite.

Eine kleine Verblüffungsnummer bei größeren Veranstaltungen: »Auftritt von ...«; nun folgt der Name eines Politikers oder einer historischen Persönlichkeit (Schmidt, Brandt, Adenauer, Churchill, Trotzki, Napoleon oder wer auch immer) oder eines prominenten Künstlers (von Hans Albers bis Ustinow). Voraussetzung ist, daß jemand aus unserem Kreis mit dem Darzustellenden eine Ähnlichkeit hat, zumindest durch maskenbildnerische Künste so hinzukriegen ist, daß er dem Angekündigten gleicht. (Dasselbe gilt natürlich für die Damenwelt.) Ich habe einmal mit der im Programm groß gedruckten Nummer »Auftritt der Brüder Grimm« in Kassel tollen Erfolg erzielt. Der Angekündigte kommt nach einem Tusch gravitätisch auf die Bühne, posiert in der Mitte, schaut eine Weile stumm in den Saal, und tritt dann plötzlich, aber betont mit einem Fuß auf. Jetzt sofort Blackout, also Vorhang zu, Abgang. Sollte der »Doppelgänger« auch noch den Tonfall des Originals kopieren können ... aber das wäre eine seltener Glücksfall!

Gibt es ungeeignete Stoffe, vor denen ich warnen müßte? Alles Komplizierte, alles Problematische! Sonst aber läßt sich aus allem, was uns im Leben begegnet, ein Sketch machen.

Halt! Wie steht es mit dem Intimbereich? Die Sexwelle ist gottlob vorübergerauscht, ohne daß wir sonderlich Schaden an unserer Seele genommen hätten, und sie hat insofern oder immerhin bewirkt, daß nicht jeder Witz heute unbedingt salonfähig sein muß – schon darum nicht, weil es ja keine »Salons« mehr gibt, wenigstens bei uns nicht.

Und in der internen Beziehung zwischen den beiden Geschlechtern gibt es (Hand auf's Herz!) unglaublich komische Situationen. Warum sollte also dieses weite Feld um Thema Nr. 1 für uns tabu sein? Beim Schreiben werden uns der angeborene Takt und die gute Kinderstube schon sagen, wie weit wir gehen dürfen. Hier ist besonders wichtig, vor wem wir spielen. Und noch mehr als sonst kommt es hier auf die Darstellung an. Selbst ein Meisterwerk wie Schnitzlers »Reigen« hat Skandale ausgelöst und darf heute noch nicht auf der Bühne gespielt werden. Aber wenn es auch, selbst in Staatstheatern, keine moderne Inszenierung, ob von zeitgenössischen Autoren oder Klassikern, ohne die obligate »Nackte vom Dienst« gibt – in dieser Beziehung wollen wir nicht konkurrieren. Pornographisches und Zoten scheiden von vornherein aus. Auch Striptease ist für uns tabu. Versuchsweise schlage ich einen vor, bei dem aber der Clou ist, daß die Erwartungen enttäuscht werden. Für Texte stehen Tausende von Witzen zur Verfügung, es kommt wieder einmal nur auf die Auswahl an. Nehmen wir zum Beispiel den Uraltwitz von dem Hotelgast, der durch die dünne Wand aus dem Nebenzimmer sich stundenlang anhören muß: »Ei, ei wem gehört denn das süße Popochen?« und schließlich die bekannte drastische Antwort gibt. Kennen Sie die neue, pikante Variante? Da sitzt der Gast morgens beim Frühstück und der Hoteldirektor erkundigt sich, wie er in seinem Hause geruht habe. Gast: »Gräßlich! Die ganze Nacht mußte ich mir anhören: ›Ei, ei, wem...‹. Er sagt es dreimal, in steigerndem Tonfall. Hoteldirektor: »Bitte nicht so laut! Die beiden Herren sitzen am Nebentisch!« Finden Sie das zu unanständig? Dann vergessen Sie's!

Wie aber bringen Damen und Herren, die über eine schöne Singstimme verfügen, ihre Gabe zur Geltung? Das musikalische Kurzspiel ist bisher bei uns sehr vernachlässigt worden. Fertige Minioperetten gibt es so gut wie gar nicht. Hier müssen wir zur Selbsthilfe greifen und etwas Passendes für unseren Zweck – aus Opern, Operetten und Singspielen – zusammenstellen. In der Kunst nennt man so etwas »Collage«. Ein gelungenes Potpourri mit Bezug auf den Aufführungsgrund, beziehungsweise Anspielungen auf etwas allen Zuhörern Bekanntes, erweist sich stets als wirkungsvoll. Ein solches »Quodlibet« (neue Texte nach alten Melodien) eignet sich auch vorzüglich als Schluß für jedes Festprogramm. Der geläufigste Rahmen für einen Sketch mit Gesang ist »Vorsingen am Theater«. Für komische Gags sorgen Unterbrechungen durch den Direktor, den Inspizienten, die Reinemachefrau, möglichst an den unpassendsten Stellen. Oder der Begleiter am Klavier verhaspelt sich andauernd. Da ergeben sich manche Scherze beim Probieren. Ein märchenhafter Einfall für eine größere Spielgruppe von Jugendlichen: Ein König hat die Sprache verloren. (Vielleicht, weil ihm ein Untertan die Meinung gesagt hat.) Doch singen kann er noch. Damit er sich nicht lächerlich macht, befiehlt er: In seinem Land darf künftig nur noch gesungen werden. Nun müssen alle Hofschranzen singen, auch wenn sie es nicht können. Ein fremder Prinz, der die Tochter des Königs freien will, weiß nichts von dem Singbefehl. So, und nun denken Sie sich eine kurze Handlung und ein zündendes Ende aus!

Im Grunde sind fast alle Sketche »gespielte Witze« – mehr oder weniger aufgeplustert. Wenn Sie mir bisher gefolgt sind, haben Sie es verdient, daß ich ganz offen zu Ihnen bin: Ein Originalsketch, der einen noch niemals dagewesenen Inhalt hat, ist seltener als eine Perle in einer Auster. Schon darum ist es besser, wenn wir uns selbst einen Sketch bauen. Auch wenn dieser nicht ganz neu ist.

Zum Thema »gespielte Witze« will ich Ihnen aber gern ein paar Tips geben. Immer zündend und besonders als Blackout, also als Ausklang, geeignet ist der superkurze Witz, der nur aus zwei Sätzen besteht. Etwas längere Witze startet man am besten als Serie.

Filme, die keine zusammenhängende Handlung haben, sondern aus Episoden bestehen, nennt man »Omnibus-Filme«. In der Art bauen wir uns »Omnibus-Sketche« aus Witzen, die im gleichen Milieu spielen. Also: Straßenwitze, Kneipenwitze, Schulwitze oder »Beim Zahnarzt«, »Im Zoo«, »In der Kantine«, »Beim Chef«, »Im Betriebsbüro«, »Beim Heiratsvermittler« usw. Eine Witzreihe ist schon darum zu empfehlen, weil im Publikum zumindest ein Witz bekannt ist, denn es gibt gar nicht so viele Witze, wie es oft den Anschein hat. Gut gespielt wirkt auch ein bekannter Witz, er muß ja nicht gerade so alt sein wie Methusalems Urgroßvater. Oder, wie mir kürzlich ein Freund sagte, als ich einen meiner Meinung nach funkelnagelneuen Witz erzählte: »Du, als Adam und Eva den Garten Eden umgruben, fanden sie eine versteinerte Tafel – auf der war dieser Witz schon durchgestrichen.« Wollen Sie noch wissen, wo Sie die für Sketche vielleicht geeigneten Witze finden, die noch nicht so allgemein bekannt sind? In Comic-Strips und Cartoons! Karikaturen kennzeichnen nämlich meist Situationen, die zum Lachen reizen. Sie müssen die gezeichneten Witze nur mit einiger Phantasie nachspielen! Hier ist ein Fundgrube für optische Pointen. Und damit erübrigt sich jedes weitere Wort über das »Was«.

Wo wird gespielt?

Es ist ein gewaltiger Unterschied, ob wir in großen oder kleinen Räumen spielen. Steht Ihnen eine normale Theaterbühne zur Verfügung (Tanzsaal, Aula, Kulturhaus), empfiehlt es sich, mit vorhandenen Vorhängen, Versatzstücken usw. den Spielraum zu verkleinern. Nutzen Sie möglichst die Vorderfläche aus. Von der Hinterbühne her wird der Ton leicht unverständlich. Bei den Proben muß der Spielboß die Akustik nicht nur von der hintersten Reihe des Zuschauerraums aus überprüfen, sondern auch von der Mitte aus – etwa in der sechsten Reihe haben viele Säle nämlich ein akustisches »Loch«. In großen Räumen muß man vollen Ton geben, also laut und deutlich sprechen, damit man »über die Rampe kommt«. Die Bühnenkarriere manches Filmsternchens ist daran gescheitert, daß das Mikrophongesäusel in der vierten Reihe kaum noch zu vernehmen war. Ich habe miterlebt, wie Christine Kaufmann als Desdemona bereits bei den ersten Proben »starb« (ohne von Uwe Friedrichsen als Othello ermordet werden zu müssen) und die Rolle abgab, weil ihre zarte Stimme den Raum nicht füllen konnte.

Auf einer richtigen Bühne muß Bewegung herrschen, mehr Aktion als auf einem Nudelbrett. Die Spieler müssen wirkliche Akteure, das heißt Handelnde sein und nicht nur zwei Personen, die dastehen und miteinander reden. Darum sind vor einem größeren Publikum nur Sketche geeignet, deren Witz nicht allein im Dialog liegt, sondern die eine Spielhandlung haben; eine möglichst turbulente sogar, die in jedem Fall mit einem echten Überraschungsmoment enden muß, mit einem Knalleffekt. Pointe heißt nicht nur Stachel oder Spitze, sondern auch Schärfe, Würze, Prikkeln, witziger Einfall, Wortspiel. Ein Sketch ohne Pointe ist ein Auto ohne Benzin, ein Killer ohne Colt, ein Mädchen ohne Busen.

Sobald der Vorhang aufgeht oder es hell wird, muß der Zuschauer wissen, was die Szene darstellt, ob ausgebaut oder nur angedeutet: eine Straße, eine Büro, ein Zimmer, eine Bar oder was auch immer. Die Beleuchtung muß der Tageszeit beziehungsweise dem Milieu entsprechen, immer aber hell genug sein, um den Ort zu erkennen und die Spieler deutlich sehen zu lassen; es sei denn, wir spielen den Sketch: »Negerkampf im Tunnel«. Das können wir natürlich auch. Wenn wir Szenen, die in einem Eisenbahnzug spielen, vorführen und der Zug durch einen Tunnel fährt, dann muß es natürlich dunkel werden. Und »Tunnelwitze« gibt es genug.

Auf Theater- oder Vereinsbühnen spielen auch Bühnenbild und Beleuchtung eine wesentliche Rolle. Die Ausleuchtung wird sich nach der jeweiligen technischen Anlage richten; zu Hause dürfte das durch Stellscheinwerfer, Klemmleuchten etc. kein schwierig zu lösendes Problem darstellen. Nochmals: Die Spielfläche muß um einige Grade heller sein als in Wirklichkeit, selbst wenn die Szene im Dunkeln spielt. Über das, was man nicht deutlich sieht und hört, kann keiner lachen.

Auch mit der Dekoration wollen wir es uns nicht allzu schwer machen. Sie kennen das ja sicher vom Kabarett her, wie großzügig man verfahren und mit wie wenigen Andeutungen man sich begnügen kann. Nur wenige Sketche (wie die Krimis, die ernst genommen werden wollen) erfordern eine realistische Dekoration. Die meisten, da sie ja parodistischen Charakter haben, können wir mit einfachsten Mitteln bewältigen, gewissermaßen symbolisch ausstatten. Zum Beispiel: zwei gegenüber aufgestellte Bänke, ein aus Latten gebastelter Türrahmen am unteren Ende dazwischen – und ein Zugabteil ist fertig. Wo wir zusätzlich Schilder oder Tafeln anbringen, bleibt unserem Witz überlassen. Die Leute von heute sind an einen solchen Signalstil gewöhnt, wie das Publikum zu Shakespeares Zeiten, dessen Dramen ja alle ohne Dekoration gespielt wurden.

Bei Spielen im Freien muß noch mehr als sonst auf die Akustik geachtet werden, damit das Wort nicht im Wind verweht. Terrassen sind ideale Bühnen. Im Garten genügt eine Laube oder eine Baumgruppe als Hintergrund. Besser als textgebundene Sketche sind bei Gartenpartys Bewegungsspiele. Hier hat die Optik Vorfahrt (Clownsnummern, zwei Betrunkene auf dem Heimweg, eine Frau sucht ihr verlorenes Portemonnaie usw.). Nehmen Sie sich einen Band Karl May und suchen Sie sich eine Szene heraus, die Ihnen gefällt. Es gibt bei ihm herrlich komische Dialoge. Es muß nicht eine Halle mit pompöser Freitreppe sein – auf jeder Treppe läßt sich lustig agieren. Themenvorschläge: »Ein Liebespaar«, »Verlorene Schlüssel«, »Gläubiger wartet auf Schuldner« usw. Praktisch gibt es, wie für Liebende Raum in der kleinsten Hütte ist, für Spielbesessene keine räumliche Beschränkung: Von der Kongreßhalle bis zum Klo – damit beenden wir die Frage: »Wo?«.

Wie wird gespielt?

Über Schauspielkunst – was ein wirklicher Menschendarsteller ist und was ein »Versteller«, ein Vollblutkomödiant und ein Schmierenschauspieler – darüber wüßte ich viel zu erzählen. Doch das könnte Sie nur verwirren. Nur habe ich etwas gegen das Wort ›Laienspieler‹. Seit im Fernsehen mehr und mehr Nicht-Profis bewunderswert ihre Rolle spielen, und seit die Jungfilmer Menschen wie Sie und mich groß herausstellten und diese oft natürlicher wirkten als jeder »Gelernte«, seitdem verwischen sich die Grenzen.
Die große Schauspielbühne bleibt dem wahren Mimen vorbehalten, denn Theater spielen ist ja auch ein Handwerk, das erlernt sein will, allem Talent zum Trotz. Aber für den Hausgebrauch stehen wir unseren Mann, beziehungsweise unsere Frau. Wir sind Spieler, keine Laien. Wir sind im ursprünglichen Wortsinn Dilettanten, das heißt: Wir spielen, um uns und andere zu ergötzen (dilettare = ergötzen). Also keine falsche Bescheidenheit! Für jedes Auftreten vor Publikum ist es das A und O, daß man seiner selbst sicher ist. Das ist nur möglich, wenn man den Text im Schlafe kann und sich darauf freut, ihn sprechen zu können.
Nach dem Grundsätzlichen wollen wir nun ins Detail gehen. Wir haben einen Sketch gefunden, der uns gefällt und wollen ihn aufführen. Wie machen wir das am besten? Der Sketch hat drei Spieler. Also wird der Text fünfmal abgeschrieben. Ein, sagen wir mal angeberisch »Drehbuch«, erhält der Spielboß, je eines jeder Spieler und der Inspizient. Dann setzt sich die Crew zusammen und bespricht alle Einzelheiten. Die Szene spielt beispielsweise in einem Büro. Spielen wir in einem Zimmer, erheben sich verschiedene Probleme.
Erster Punkt: Welches ist die beste Spielecke in einem kleinen Raum? Bei einem größeren ist die Frage, ob wir ein Podest beschaffen müssen? Können wir an der Rückwand ein Regal aufstellen oder läßt sich ein gemalter Hintergrund anbringen? Vielleicht läßt sich eine Stellwand beschaffen, die man mit abwaschbaren Farben bemalen kann? Läßt sich ein Plakat verwenden? Oder malen wir auf die Rückseite eines großen Plakats oder auf Packpapier großzügig einen Panzerschrank oder ei-

nen Aktenschrank? Wer beschafft die nötigen Utensilien? Wer malt? In einem anderen Fall soll die Szene eine Straße darstellen. Wie gestalten wir da den Hintergrund? Begnügen wir uns vorn mit einem Pfahl, mit einem Straßennamenschild rechts und einem Parkschild auf der linken Seite? Wer stellt das auf die Beine?
Zweiter Punkt: Welche Requisiten brauchen wir? Für den Bürosketch beispielsweise Schreibmaschine, Telefon, Leitzordner – was noch? Wie ist die Beleuchtung? Können wir Scheinwerfer aufstellen – und wo? Genügen für den kleinen Raum zwei Klemmlampen mit stärkeren Birnen? Gibt es dadurch auch keinen Kurzschluß, der uns womöglich vor Schluß die Pointe verknallt?
Dritter Punkt: Wie ziehen wir uns an? In einem realistischen Sketch am besten normale Kleidung, in jedem Fall dem Typ entsprechend. Welche »Klamotten« besorgen wir uns in grotesken Szenen für komische Figuren? Brauchen wir Perücken? Woher bekommen wir die? Müssen wir Maske machen, also uns schminken? In normalen Szenen ist dringend davon abzuraten; auch die Damen können sich mit ihrem üblichen Make-up begnügen.

Sind wir uns über sämtliche technischen Voraussetzungen einig geworden, nehmen wir uns den Text vor. Ich empfehle dringend eine gründliche Leseprobe! Mit dem Spielboß (der stets primus inter pares bleiben soll, also erster unter Gleichgestellten – das heißt, er hat keine Verordnungs- sondern eine Ordnungsfunktion), gehen wir Satz für Satz den Text durch und legen die Spielweise fest, die bei realistischen Szenen anders ist als bei grotesken. Es gibt Dialogstellen, wo Rede und Gegenrede ohne Verzögerung erfolgen müssen, sogenannte »Klappsätze«. Da muß der Text sitzen und alles muß Schlag auf Schlag gehen. Andere Stellen dagegen müssen mit »Zeitzünder« gespielt werden. Die Wichtigkeit der Pause ist nicht zu unterschätzen. Anfänger und Laien neigen dazu, ihre Sätze möglichst schnell loswerden zu wollen, als ob sie unter Beweis stellen müßten, daß sie ihren Text tadellos auswendig können. Haben Sie bitte keine Scheu vor einer Pause, selbst nicht vor einer längeren – natürlich muß sie »gefüllt« sein. Ihr Spiel muß sogar intensiver weitergehen, als wenn Sie sprechen. Das erhöht die Spannung, und niemand kommt auf den Gedanken, Sie warteten auf Ihr Stichwort vom Souffleur. Diesen benötigen wir nicht, denn unsere Rollen sind nicht so groß. Daß wir sie intus haben und auch im Schlaf hersagen könnten, ist doch für uns selbstverständlich.

Dennoch kann man steckenbleiben. Aber nicht aus Gedächtnisschwäche, sondern weil eine plötzliche Blutleere im Gehirn auftritt. Da würde dann auch kein Souffleur helfen können. Solche psychologischen Pannen sind aber gottlob so selten wie sechs Richtige im Lotto; sie treten kaum auf, wenn wir absolut »spielsicher« sind. Genauso wie den Text, müssen wir jede Geste, jeden Gang, jede Reaktion auf den Partner beherrschen. Vor allem aber auch absolut sicher sein in der Handhabung der Requisiten. Das Wort Handhabung ist in diesem Fall wörtlich gemeint.

Wie oft haben Sie schon den Frühstückstisch gedeckt? Wenn Sie das jetzt aber auf der Bühne tun sollen und zugleich reden und spielen, dann werden Sie bei der ersten Probe merken, daß es gar nicht so einfach ist, mit einem vollen Tablett hereinzukommen, es vielleicht auf engem Raum um Ihren Partner herumzubalancieren und diesem dabei das Gesicht zuzuwenden, während Sie Kännchen, Teller, Tassen usw. auf den Tisch stellen (und dabei auf das Stichwort achten). Dann müssen Sie auch noch sekundenschnell antworten und in genau 50 Sekunden – denn mehr stehen Ihnen nicht zur Verfügung – mit dem Tischdecken fertig sein. Aber keine Angst! Bis zur Aufführung haben Sie das so oft geübt, daß es dann scheint, als hätten Sie Ihr Leben lang nichts anderes getan, als genau zu diesem Text den Frühstückstisch zu decken. Mit Gegenständen zu hantieren kann also nicht improvisiert werden. Die andere große Schwierigkeit für Anfänger ist das Wohin mit den Händen, wenn man nichts in ihnen hat. Sehen Sie sich einmal daraufhin die hilflosen Bewegungen der Schlagersternchen im Fernsehen an. Genauso dürfen Sie es nicht machen! Männliche Spieler habe es leichter, sie haben in letzter Verzweiflung Hosentaschen, aber das paßt nur in den seltensten Fällen zum Spiel.

Bei der Leseprobe unterstreicht jeder Spieler in seinem Textbuch die letzten Worte seines Partners, bevor er sprechen soll; das sogenannte Stichwort mit einer Farbe und den eigenen Text mit einer anderen. Anschließend folgt die Stellprobe. Jetzt wird in der markierten Szene jeder Auftritt und jeder Gang festgelegt, jede Bewegung, jede Reaktion, eben das Spiel. Das alles notiert sich jeder Spieler an der entsprechenden Stelle in seinem Textheft.

Dann lernen wir den Text; dem einen fällt das leichter, dem anderen etwas schwerer. Aber erst wenn wir absolut textsicher sind, können wir uns freispielen. Und auf einmal fällt uns dann vielleicht sogar etwas Neues ein. Hier gilt es zu unterscheiden: Ein Krimi und jeder dramaturgisch festgebaute Sketch sollte wörtlich gebracht werden, wie er im Buch steht. Bei den meisten im bürgerlichen Milieu angesiedelten Scherzspielen aber sind Improvisationen erst das Salz in der Suppe. Ob in der Familie oder im großen Betrieb – der Name Gemeinschaft sagt ja, daß man etwas gemein hat, und das sind unter anderem auch komische Erlebnisse. Entschuldigen Sie, wenn ich mich wiederhole – aber es ist tatsächlich ein Phänomen, welche durchschlagende Wirkung es hat, wenn etwas, was unter der Hand alle wissen, plötzlich öffentlich auf der Bühne ausgesprochen wird. Oft genügt schon das Nennen eines Spitznamens, um einen Lachsturm hervorzurufen. Ich habe auf dem Betriebsfest einer großen Firma erlebt, daß zwei berühmte Stars und ein im Fernsehen sehr beliebter Humorist den zwar gebührenden Beifall erhielten, der Clou des Abends aber ein kleiner Werkmeister war. Sein selbstgefertigter Prolog und sein Couplet waren mit verulkenden Anspielungen auf alle bekannten Personen und Vorgänge in der Firma gespickt. Er wurde immer wieder von Lachsalven unterbrochen, und am

Schluß wollte der Jubel kein Ende nehmen – ein gelungener Vortrag. Ob improvisiert oder nach gelerntem Text: In keinem Fall darf Ihr Auftritt provokant wirken. Die Eitelkeit stellt auch großen Mimen oft genug ein Bein. Bleiben wir Amateure bescheiden, denn wir sind doch, wie das Wort »amare« deutlich sagt, Liebhaber und keine Kulissenreißer. Spielfreude heißt an der Sache Spaß haben, nicht an sich selbst. Sehen Sie sich einmal die Akteure auf der Filmleinwand, dem Bildschirm und auf dem Nudelbrett der Kabaretts etwas genauer an, und Sie werden bald merken, wer seine Maske abzieht, und wer mit Leib und Seele hinter seiner Sache steht. Die wirklich Großen geben sich immer ganz aus. Bitte verstehen Sie mich nicht falsch. Wir sind ja nicht größenwahnsinnig und wollen nicht so hoch hinaus. Doch der Funke muß auch bei uns da sein, sonst brennt's nicht. In mehr Menschen, als man meint, ist beispielsweise ein Komiker versteckt. Man muß ihn nur herauslassen. Versuchen Sie es einmal! Naturbegabungen haben es leicht. Verkrampfter Ulk dagegen wirkt peinlich.

Eine komische Type läßt sich mit Spielfreude eigentlich immer auf die Beine stellen; durch eine bestimmte Geste, durch die Körperhaltung und vor allem durch den Gang. Man muß nicht Charly Chaplins Watscheln nachahmen wollen, aber wie einer stolziert, trippelt, über den Onkel geht, ob auf den Fersen oder auf den Zehen, ob er schreitet oder hüpft – die Art charakterisiert sofort den Typ. Aber auch da heißt es maßhalten, nicht übertreiben! Hier liegt es am Spielboß, Sie zu zügeln, wenn Sie »zuviel« machen. Es gibt berühmte Komiker, die, wenn sie vom Regisseur nicht gebändigt werden, ihrem »Affen Zucker« geben, so daß die Aufführung zur Klamotte wird.

Ein praktischer Wink: Es scheint inkonsequent, wenn ich Ihnen jetzt rate, daß Sie am Anfang doch übertreiben sollen. Steigen Sie, wenn es Ihr Temperament erfordert, erst einmal saftig in die Kanne! Dann nehmen Sie, von Probe zu Probe, immer mehr zurück, bis Ihnen der Spielboß sagt: So ist es richtig. Ganz besonders gilt das für die immer wieder so gern gespielte und dankbare Rolle des Betrunkenen. Selbstverständlich dürfen wir, da wir ja letzten Endes Ulk machen, ein bißchen übertreiben, aber bitte nicht zu sehr.

Zum Übertreiben gehört auch das Überbetonen. Da haben wir einen Satz, der uns genüßlich über die Zunge geht, oder eine Pointe, von der wir einen ganz sicheren Lacher erwarten, und dann wird dies, möglichst noch mit beziehungsvollem Blick, hinausgeschmettert. Falsch! Eine feststehende Regel, wie man eine Pointe bringen muß, gibt es nicht. Je nach Erfordernis der Szene kann der Satz etwa ganz schnell kommen oder aber nach einer Verzögerungspause (in Gedanken bis drei zählen!). Auch ob laut oder leise hängt von der Situation ab. Für die Lautstärke muß man sich auf sein Fingerspitzengefühl verlassen. Für die meisten Dialogpointen, Wortspiele und witzige Bemerkungen gilt jedoch grundsätzlich das, was man »Fallenlassen«

nennt: Man bringt sie nonchalant, lässig, leise, fast wie nebenbei. Ich verrate Ihnen noch einen uralten Trick: Wenn etwas völlig Unerwartetes geschieht (in Worten oder in der Handlung) – nicht sofort reagieren! Schauen Sie sich in der Flimmerkiste Dick und Doof oder die anderen Stummfilm-Komiker an. Wenn einem ein Balken auf den Kopf fällt, lächelt er ruhig weiter oder macht ein gußeisernes Gesicht. Erst nach einer Weile durchzuckt es ihn. Nehmen Sie sich also die lacherprobten Stummfilm-Komiker zum Vorbild! Sagt Ihnen Ihr Partner eine Ungeheuerlichkeit, dann sitzen oder stehen Sie da und tun, als hätten Sie es gar nicht gehört (zählen Sie in Gedanken bis drei!) – dann jedoch reagieren Sie vehement!
Ausnahmsweise kann in einem Sketch, der besonderen Wirkung wegen, auch einmal ein längerer und schwierigerer Satz vorkommen. Bei einem solchen »Zungenbrecher« hilft es nichts: Den müssen Sie bei jeder Gelegenheit, überall, wo Sie im Moment allein sind und keinem Mitmenschen damit auf den Wecker fallen, immer wieder vor sich hersagen. Gert Fröbe hat mir erzählt, daß er lange und schwere Sätze, besonders wenn er in französischen oder englischen Filmen spielte, viele hundert Male aufsagt, und zwar eingeteilt in Abschnitte, Silbe für Silbe, ohne Sinnbetonung skandierend, erst langsam, dann schnell und immer schneller, bis er sie im Jet-Tempo herunterrasseln kann. Ahmen Sie den »großen Kollegen« nach! Erst, wenn Sie den Satz auf diese Weise intus haben, sprechen Sie ihn mit Sinn und Verstand und im richtigen Tempo. Wenn Sie eine Opern- oder Operettenszene parodieren wollen, ein Duett oder eine Arie, wenn Sie ein Couplet, einen Song, einen Schlager mit Orchesterbegleitung bringen wollen (im Original oder mit eigenem neuen Text) benutzten Sie folgenden einfachen Trick: Sie spielen die Schallplatte oder das Band bzw. die Cassette auf einem Zweitgerät in einiger Entfernung von Ihrem Aufnahmegerät ab, halten das Mikrophon aber dicht an Ihren Mund. (Vorsicht! Nicht zu laut werden! Das muß geübt werden, bis es klappt.) Dann haben Sie auf Ihrer neuen Aufnahme den Orchesterklang im Hintergrund, übertönen die Originalstimmen aber stark, weil Ihre Stimme im Vordergrund liegt; es ergibt sich dabei die Illusion, daß Sie mit Orchesterbegleitung singen. Wenn Sie aber zufällig einem prominenten Star ähnlich sehen und beispielsweise als Anneliese Rothenberger oder Peter Alexander persönlich auftreten wollen, zu Ihrem Leidwesen aber nicht die Stimme dieser Künstler besitzen, so genügt das übliche Playback-Verfahren, das heißt, Sie lassen den Originalton laufen und bewegen nur die Lippen, wie es die meisten Hit-Akrobaten im Fernsehen tun.
Noch ein Wink: Vorsicht mit Alkohol! Alkohol ist nicht nur am Steuer eine Gefahr, er ist auch gefährlich für die Exaktheit der Textwiedergabe. Man muß nicht so weit gehen, wie ein Kollege von mir, der nach einem fröhlichen Trinkerleben Abstinenzler wurde und dann erklärte: »Jeder Schnaps ist ein Schuß durchs Gehirn!«, aber als Anregungsmittel hat Alkohol oft unerwünschte Nebenwirkungen. Vor allem wirkt er

nicht immer gleich und auf jeden Menschen verschieden. Es gab große Schauspieler, die konnten nur spielen, wenn sie genügend intus hatten, anderen blieb der Text weg. Auch hier gilt die Regel: Jeder nach seinem eigenen Maß und nach seiner eigenen Erfahrung! Bei der Aufführung rate ich also dringend ab, vorher etwas Alkoholisches zu sich zu nehmen. Dagegen habe ich gute Erfahrungen gemacht, wenn einmal eine Probe durch ein, zwei Gläschen Wein gelockert wurde. Ein eisgekühlter Rosé oder auch ein Schluck Tokaier pulvern mächtig auf. Aber bitte erst, wenn der Text ganz fest sitzt. Durch die gehobene Stimmung können witzige Improvisationen zustandekommen, die man dann beibehält. Die Haupt- und Generalprobe aber sollte mit eisernem Ernst durchgeführt werden. Wer da Quatsch macht, müßte Strafe zahlen! Und wer jetzt nicht genug von meinen Hinweisen hat und nicht endlich anfängt zu probieren – auch!

Den wichtigsten Rat, den ich Ihnen geben kann: Sprechen Sie, wie Ihnen der Schnabel gewachsen ist! Versuchen Sie nicht, das Bühnenhochdeutsch nachzuahmen. Übrigens hört man auch jedem Schauspieler und jeder Schauspielerin an, in welchem Landstrich sie aufgewachsen sind, der Tonfall der Heimat ist nicht zu verleugnen. Wie unverkennbar sind doch die Wiener! Sie haben darum doppelten Grund, Ihre Sprache nicht zu verkünsteln, sondern so zu sprechen, wie Sie es im Alltag tun, gleichgültig, ob Sie nur anklingend oder voll im Dialekt reden. Nur so können Sie vollkommen natürlich sein. Alles andere wirkt »aufgesagt«. Um das zu vermeiden, dürfen Sie, wenn Ihnen der Text nicht liegt, einen zu schwierigen Satz Ihrer Rolle so ummodeln, daß er Ihnen wie selbstverständlich von den Lippen kommt. Dieser Rat ist schon 500 Jahre alt. Shakespeare läßt es durch Hamlet den Schauspieler sagen: »Leicht von der Zunge weg« muß die Rede kommen und »Paßt die Gebärde dem Wort, das Wort der Gebärde an!« Wer das kann, hat es geschafft. Der Gatte einer weltberühmten Stars (ich war mit beiden auf Tournee) sprach klassische Texte, wie man im Bühnenjargon sagt »mit frisierter Schnauze«. Einmal spielte er in einem bayerischen Stück und durfte in seinem Heimatidiom sprechen. Plötzlich wirkte er so echt und natürlich, als ob er seinen Text improvisiere. Vorsicht aber, fremde Dialekte zu imitieren! Besonders übel hört sich fast ausnahmslos das Sächsisch von Nichtsachsen an. Auch Karl Valentin ist unnachahmlich, wie viele negative Versuche von Profis bewiesen haben. In Ihrer Heimatsprache jedoch werden Sie unschlagbar sein! Und unvorbereitet agieren können Sie am besten in der Ihnen eigentümlichen Sprechweise.

Wie aber bekommen wir das Publikum zum Mitspielen? Die simpelste Methode ist die althergebrachte, in dem man die Leute auffordert, mitzuschunkeln oder etwa wie bei Joan Baez mitzusingen. Doch das funktioniert nur beim Singen. Hier muß der Spielboß seinen Charme wirken lassen. Je sympathischer er sich darstellen kann, umso eher werden die Leute bereit sein, den Wunsch zu erfüllen. Ein erprobter An-

sage-Gag ist das »Ahoi« als Begrüßung. Der Boß beginnt: »Wer ›A‹ sagt, muß auch ›B‹ sagen, heißt es. Ich aber bitte Sie jetzt, meine Herrschaften, wenn ich ›A‹ sage, ›Hoi‹ zu sagen. Nein, nicht das Heu, was so viele Zeitgenossen im Kopf haben, sondern ›Hoi‹ mit oi, also wir wollen uns geteilt und doch gemeinsam den alten Schiffergruß zurufen ›Ahoi‹! Probieren wir es einmal!« Der Boß holt weit mit dem rechten Arm aus, ruft »A« — schwingt den Arm zum Zeichen und alle im Saal rufen »Hoi!«. Darauf der Boß: »Naja, für den Anfang war das schon ganz gut, aber ich glaube, wir müssen das noch ein bißchen üben.« Dann fordert er einzelne Gruppen auf (in der Familie etwa Onkel und Tante, bei Betriebsfeiern die Prokuristen), zunächst schwächere Gruppen, mit deren Zuruf er unzufrieden ist, dann andere (in der Familie die Kinder, im Betrieb die Reinemachefrauen), mit denen er zufrieden ist. So spielt er einzelne Gruppen (die Damen gegen die Herren) aus, was — durch seine amüsanten Kommentare gewürzt — sofort eine gehobene Stimmung erzeugt. Und haben wir erst einmal unser Publikum in heiterer Laune, dann können wir anfangen.
Über mangelnde Kommunikation, das heißt, die Verbundenheit zwischen den Menschen, wird immer häufiger geklagt. Unternehmen wir etwas dagegen! Laden Sie nicht nur Ihre Freunde vom Stammtisch und Ihre Kollegen ein! Wenn Sie irgendwo nette Menschen kennenlernen, in den Ferien, in der Kneipe, bitten Sie auch diese, Gast zu sein bei einem vergnüglichen Abend.
Als Höhepunkt spielen Sie ihnen dann einen Sketch vor oder auch zwei. Damit bereiten Sie Ihren Mitmenschen eine Freude und sich selbst erst recht.
Der Lustspieldichter und Komiker Curt Goetz läßt seinen Dr. Hiob Prätorius sagen: »Gelehrt sind wir genug, was wir brauchen, ist Heiterkeit!« Und selbst der alte Pessimist und Weiberfeind Schopenhauer schrieb: »Der Heiterkeit sollen wir Tür und Tor öffnen, wo immer sie sich einstellt, denn sie kommt nie zur unrechten Zeit.« Na bitte! Bei uns stellt sie sich ein, und zwar sofort. Gleich hinsetzen und einen Sketch schreiben! Und übermorgen fangen die Proben an. Viel Spaß und gutes Gelingen! Toi, toi, toi!

Der Glückspilz

Personen: Alois Wackernagel, Polizeiobermeister
Herr Müller, Gast
Elli Herz, Wirtin

Requisiten: Flaschen (Bier echt, statt Klarem nur Wasser!), Gläser, Zeitungen

Szene: Gaststube des Wirtshauses (»Zur gelben Eule«). Ausstattung nach Größe und Belieben des zur Verfügung stehenden Spielraums. Hintergrund vielleicht gemalter Prospekt mit typischem Milieu. Umgedrehte Kommode (mit bemalter Rückfront) kann als Theke dienen, darauf ein kleines Fäßchen Bier, das den Ausschank markiert. Im Vordergrund ein Tisch mit drei Stühlen.
Polizeiobermeister Alois Wackernagel sitzt, mit dem Gesicht zum Publikum am Tisch, trinkt, stiert vor sich hin. Er ist betrunken, aber glasklar im Gehirn. Herr Müller, ein Gast, vor der Theke und Elli Herz, die Wirtin, hinter der Theke, beobachten ihn interessiert. Herr Müller geht, sein Glas Bier mitnehmend, auf Wackernagel zu.

Müller: Entschuldigung, sind Sie nicht der nette Wachtmeister aus unserem Revier? Herr Wackernagel, wenn ich nicht irre. (steht jetzt am Tisch) Darf ich?

Alois: (nickt)

Müller: Gestatten, Müller. Sie waren so freundlich, als ich mal mit einem Zettel . . . na ja, ich hatte etwas getrunken und mußte in die Tüte pusten.

Alois: (zuckt zusammen als habe ihn etwas gestochen)

Müller: (sich setzend) Ich hätte Sie erst gar nicht erkannt, so ohne Uniform.

Alois:	(zuckt wieder zusammen) Hat sich was mit Uniform. (Er spricht zeitweilig mit schwerer Zunge, darf aber keinesfalls lallen und muß immer deutlich zu verstehen sein. Er blickt mit großen Augen auf Müller.) Sind Sie ein Mensch?
Müller:	Ein Mensch wie du und ich . . . pardon, wie Sie und ich.
Alois:	Ich bin kein Mensch mehr.
Müller:	Na ja, gerade Sie haben mir gezeigt, daß Sie nicht bloß Beamter sind, nicht nur Polizist.
Alois:	Bin auch kein Polizist mehr.
Müller:	Aber wieso denn? Ich sah Sie doch erst gestern noch Streife fahren.
Alois:	Hat sich ausgestreift.
Müller:	Ich verstehe nicht.
Alois:	Ich versteh's ja auch nicht.
Müller:	Was ist denn passiert, um Gottes Willen?
Alois:	Alles wegen Anni.
Elli Herz:	(hinter der Theke, leise für sich) Dieses Miststück!
Alois:	Meine teure Braut.
Müller:	Ist ihr was passiert?
Alois:	Ihr nicht . . . mir . . . wegen ihr.
Müller:	Und was?
Alois:	Das kann man gar nicht erzählen. Das glaubt mir ja doch keiner. (Müller am Arm nehmend) Sind Sie ein Mensch? Dann

	hören Sie mir mal zu. Anni hat einen Unfall gebaut. Kam von einer Geburtstagsfeier. Blechschaden. Alkoholprobe muß natürlich sein. Aber muß das sein, daß ausgerechnet ich ihre Tüte in die Finger kriege? Seh' ich doch meine kleine Anni schon hinter Gittern. Nee, denk' ich, das soll nicht sein! Was also macht Alois Wackernagel? Hat eine Idee. Sage auf Wache, muß mal schnell wohin. Hau ab in die kleine Kneipe nebenan, tütel zwei Bier und einen Lütten, fix auf fix, dann zurück und zu unserem Tütendoktor und bitte ihn, möchte mal messen, wieviel das so macht, wenn man zwei Bier und'n Korn . . . verstehen Sie?
Müller:	Na, was ergab das schon?
Alois:	Meinen Ruin.
Müller:	Wieso denn dieses?
Alois:	Passen Sie mal auf! (demonstriert das Folgende mit den Händen) Da ist die Tüte von Anni mit 1,5 – da ist meine Tüte mit 0,7. Ich nun meine in den Akt von Anni . . . Akt nicht wie Foto, nich' sowas, nein . . . Akt wie amtlich. Und ihre Tüte mit 1,5 – ja, in meine Aktentasche. Haben Sie das kapiert?
Müller:	Das war doch eine prima Idee.
Alois:	Dachte ich auch. Bloß, daß ich Dussel, als ich nach Dienstschluß dalli-dalli weg zu Anni wollte, meine Dienstmütze und Aktentasche vergessen hatte. Kollege, der mich ablöst, will Mütze verstauen, damit sie nicht wegkommt. Und wie er sie in meine Tasche tun will, sieht er . . . nanu, denkt er, was ist denn das? Kriegt doch die falsche Tüte raus. In dem Moment kommt das Rindvieh von Doktor dazu und erzählt ihm von meinem Test. Die Kerle kombinieren – na, und was dann los war, können Sie sich ausmalen!
Elli Herz:	(kommt hinter der Theke vor und tritt im folgenden hinter Wackernagel) Ach, Herr Wackernagel, Sie dürfen das nicht so tragisch nehmen.

Müller:	Ist ja schließlich nur ein Kavaliersdelikt.
Alois:	Hat sich was! Hab doch im Protokoll 0,7 angegeben. Versuchte Urkundenfälschung.
Müller:	Und da rechnen Sie mit einer Strafe?
Alois:	Mindestens ein Riese! Und wo soll ich tausend Eier hernehmen?
Elli Herz:	Sie haben Freunde, Herr Wackernagel.
Alois:	Ersatzweise hundert Tage Bau. Anschließend Disziplinarverfahren und dann: abtrimo!»Unwürdig, Gesetzeshüter zu sein!«
Müller:	Und alles wegen Ihrer Braut.
Alois:	Hat sich ausgebrautet.
Elli Herz:	(spontan) Ja?!
Müller:	Auch das noch!
Alois:	Ein Unglück hat immer einen Zwillingsbruder.
Elli Herz:	(sichtlich interessiert) Wie sind Sie denn von der losgekommen, Herr Wackernagel? Erzählen Sie doch mal!
Alois:	Als ich zu Anni kam, hatte sie Besuch, so'n Boß mit Glatze, aber offensichtlich betucht.
Elli:	Und der war nicht zum ersten Mal bei ihr. Hätt ich Ihnen schon längst sagen können, Herr Wackernagel, aber man will sich ja nicht in fremder Leute Angelegenheiten mischen.
Alois:	Und am nächsten Morgen, als sie von dem Kladderadatsch erfuhr, daß alles geplatzt war, da wollte sie plötzlich nichts mehr von mir wissen. Soll ihr nie wieder unter die Augen treten, hat sie gesagt.

Müller:	Ist es die Möglichkeit? Jaja, Undank ist der Welt Lohn.
Elli:	Mich überrascht das nicht. Von der hab ich nichts anderes erwartet.
Zeitungsverkäufer:	(betritt ausrufend das Lokal) Abendecho! Neueste Ausgabe! Der Pechvogel des Jahres! Polizist verliert Posten und Braut.
Müller:	Geben Sie mal her. (kauft eine Zeitung, schlägt sie auf) Ja, ja hier steht's (liest bruchstückhaft . . . ging zum Polizeiarzt und sagte: Ich habe ein paar zur Brust genommen, bitte machen Sie eine Blutprobe. Ich möchte mal wissen, wieviel man trinken darf, wenn man so am Steuer sitzt.
Alois:	Stimmt haargenau.
Zeitungsverkäufer:	(geht ab)
Müller:	(weiterlesend) . . . vertauschte die Tüten . . . vergaß Aktentasche und Dienstmütze . . . (liest stumm weiter, fängt plötzlich schallend zu lachen an.)
Elli:	(empört) Was gibt's denn da zu lachen, Herr Müller?!
Müller:	(unter Lachstößen) Da . . . lesen Sie doch selbst.
Elli:	(nimmt die Zeitung) Blutprobe der Anni Söhring . . . irrtümlich . . . spätere Untersuchung . . . hat ergeben . . . unter der Grenze . . . wäre nie bestraft worden . . . hätte sogar Führerschein behalten. (zu Herrn Müller, der an einem Lachanfall fast erstickt) Wenn Sie weiterlachen wollen, Herr Müller, dann bitte draußen! Aber nicht in meinem Lokal!
Müller:	Aber Frau Herz, ich . . . (muß weiterlachen)
Elli:	Verlassen Sie auf der Stelle mein Lokal! Ihre Zeche brauchen Sie nicht zu bezahlen, aber in der »Gelben Eule« sind Sie Gast gewesen! Ein für allemal.

Müller: Aber ...

Elli: (setzt ihn mit Gewalt vor die Tür) Raus mit Ihnen! Raus, Sie Unmensch! Raus! (kommt zurück und setzt sich zu Wakkernagel). Seien Sie froh, daß Sie diese Person los sind. Sie war Ihrer nicht würdig.

Alois: Aber 'n bißchen lieb war sie schon.

Elli: Mag ja sein. Aber geliebt hat sie Sie nicht.

Alois: Wer liebt mich schon?

Elli: Ich.

Alois: Sie?

Elli: (nimmt seine Hände) Sehen Sie mich mal an!

Alois: (blickt ihr in die Augen) Ja, ich weiß: Sie heißen nicht nur Herz, Sie haben auch eines, Elli.

Elli: Wissen Sie noch, daß Sie mich mal gefragt haben, ob ich Ihre Frau werden will? Freilich waren Sie damals nicht mehr ganz nüchtern.

Alois: Und Sie haben mir ja auch einen Korb gegeben.

Elli: Bloß, daß der nicht so gemeint war. Außerdem wollte ich keine Polizistenfrau werden. Inzwischen hab ich eine Erbschaft gemacht, will die »Gelbe Eule« verscheuern und mir in einer schönen Gegend ein Ausflugshotel kaufen. Und dazu brauche ich einen Mann.

Alois: Einen Pechvogel wie mich?

Elli: Ein Mann, der wie Sie das für die Frau tut, die er liebt, ist nicht mit Gold aufzuwiegen.

Alois: Soll Ich Ihnen was sagen, Elli?

Elli:	Ja?
Alois:	Ich hab das mit Anni nur angefangen, weil Sie mich nicht mochten.
Elli:	Alois!
Alois:	Elli! (sie fallen sich in die Arme)
Elli:	Weißt du, was du bist?
Alois:	Ein Pechvogel.
Elli:	Nein, ein Glückspilz! (Blackout)

Vom Regen in die Traufe

Personen: Kurt Willich
Gangster
Frau Willich

Requisiten: Revolver, Regenschirm

Szene: Straße, nicht sehr hell; markierte Häuserecke; Andeutung eines Fensters.
Ein Mann, Kurt Willich, mit hochgeschlagenem Mantelkragen kommt langsam auf die Bühne, bleibt stehen, wendet sich, zündet sich eine Zigarette an. Eine dunkle Gestalt, Mütze, Schal bis über die Nase, schleicht sich von hinten an ihn heran, zieht einen Revolver aus der Tasche und hält ihn Kurt Willich in den Rücken. Sie gehen im Zickzack über die Bühne. Bei den »Niesern« des Gangsters macht Willich Versuche, zu entwischen. Die diversen Spielmöglichkeiten sind im Text nur angedeutet.

Gangster: (spricht heiser und mit blecherner Stimme, eiskalt) Was Sie im Rücken fühlen, ist ein Revolver.

Willich: (zuckt zusammen; nach einer Schrecksekunde) Nein, haben Sie ein Pech, werter Herr Räuber! Bei mir ist nichts zu holen. Ich habe ganze 3 Mark 70 im Portemonnaie. Die können Sie gerne haben. (Will in die Tasche greifen)

Gangster: Keine Bewegung!

Willich: Ich hab' wirklich kein Geld, Herr Räuber!

Gangster: Los!

Willich: Was?

Gangster:	Vorwärts!
Willich:	Wo wollen Sie mich denn hinbringen?
Gangster:	Zum Boß.
Willich:	Und wer ist der Herr Boß?
Gangster:	Mußt nicht so neugierig sein.
Willich:	Bin ich aber.
Gangster:	Wird's bald! (drückt den Revolver härter in Willichs Rücken)
Willich:	Nicht doch, ich bin so kitzlig.
Gangster:	Los, oder es knallt!
Willich:	Bitte nicht! Wo ich doch so lärmempfindlich bin.
Gangster:	Ich zähle bis drei.
Willich:	Wenn Sie bis drei zählen könnten, hätten Sie sich ein besseres Opfer ausgesucht.
Gangster:	Schnauze! (drückt fester)
Willich:	Oh, wie roh!
Gangster:	(muß niesen)
Willich:	Gesundheit, Herr Räuber!
Gangster:	(holt zu einem zweiten Nieser Luft)
Willich:	Haben Sie kein Taschentuch?
Gangster:	(muß noch einmal niesen)

Willich:	(versucht, zu entwischen)
Gangster:	(hinter ihm her)
Willich:	Ich wollte Ihnen bloß meins ...
Gangster:	Schnauze! Los, Kerl, sonst ...
Willich:	Nicht so grob! Ich bin doch so sensibel.
Gangster:	Schnauze!
Willich:	Mich kann doch niemand kidnappen wollen? Ich hab doch niemand etwas getan. Wer kann bloß so böse auf mich sein, daß er ...
Gangster:	Zitter endlich los, Mann!
Willich:	Ich zittere ja schon. (bleibt nach zwei Schritten stehen) Moment! Vielleicht schickt Sie Alfred Meier? Wegen der fünfhundert Mark, die ich ihm immer noch nicht zurückgezahlt habe? Sagen Sie ihm, morgen hol' ich mir Vorschuß, dann kriegt er seine fünf Scheine.
Gangster:	(muß wieder niesen, Spiel wie vorher)
Willich:	Oder ist Ihr Auftraggeber vielleicht Herr Klinisch, weil er scharf auf meinen Posten ist? Sagen Sie ihm, ich wollte sowieso kündigen, weil ich die Schikaniererei vom Alten satt habe. Lieber geh' ich als Staubsauger-Vertreter, als ...
Gangster:	Quatsch nicht soviel, Mann!
Willich:	(bleibt wieder stehen) Lagermeister Knollich kann es nicht sein, wegen seiner Tochter. Oder? Na ja, sie ist erst 17, aber wir haben doch bloß rumgeknutscht und so'n bißchen ... da hat mein Auto schon ganz andere Sachen erlebt mit mir! Sagen Sie Herrn Knollich, von mir aus ist seine Tochter noch prima Jungfrau.

Gangster:	Mann, bald habe ich die Nase voll! (muß wieder niesen)
Willich:	Sehr richtig bemerkt, Herr Räuber! Ich von Ihrer Nieserei aber auch. (will wieder entwischen, Gangster fängt ihn wieder ein) Oder steckt Herr Schneckebiß dahinter? Weil ich mal mit seiner Frau . . . aber wir waren ja beide blau und außerdem . . . im letzten Fasching, längst verjährt. Beinah gar nicht mehr wahr.
Gangster:	(zwingt Willich mit dem Revolver weiterzugehen)
Willich:	(weicht aus und geht im Kreis herum, dabei) Straffer! Jawohl, Straffer hat Sie auf mich gehetzt. Weil ich ihm Elfriede ausgespannt habe. Aber richten Sie meinem besten Freund aus, die wär' ihm sowieso durch die Lappen gegangen. Die ist ja nymphomanisch. Sie, Herr Räuber, wenn Sie mal keinen Schnupfen haben, – also, bei der brauchten Sie keinen Revolver.
Gangster:	Mann, gleich mach ich Dir Beine!
Willich:	Ja? Welche, die ganz schnell laufen können? Das wär schön. Aber sehen Sie mal, dort (deutet auf das Fenster), haben Sie gesehen, wie sich da die Gardine bewegt hat? Dort wohnt die liebe Elsa, für die bin ich Lohengrin, aber die läßt mich nicht wegschwimmen. Die hat mich sicher hier in meiner Not gesehen und bestimmt schon die Polizei angerufen.
Gangster:	(will »Quatsch nich« sagen, muß nach »qua« aber wieder niesen während des folgenden Fangspiels)
Willich:	Außerdem ist die liebe Elsa meine Stammfreundin und die beste Feundin meiner Frau. Lassen Sie mich los, Herr Räuber, sonst kriegen Sie's mit der zu tun. Möglicherweise ist die auch grad bei ihr, meine Frau meine ich, um die Zeit hokken die beiden ja oft zusammen.

Gangster:	(hat sich und Willich wieder gefangen) Quatsch nicht soviel, sonst . . .
Willich:	(stehen bleibend) Jetzt fällt der Groschen bei mir. Wally! Der ist so ein Streich zuzutrauen! Weil ich sie wegen Kitty habe sitzen lassen. Is' ja 'ne Wucht, die Wally, da beißt die Maus keinen Faden ab, aber eben zuviel Temperament! Und Kitty ist so sanft. Wie ein Reh, sag ich Ihnen, Herr Räuber! Und ich steh' momentan auf sanft.
Gangster:	Jetzt reißt mir der Geduldsfaden, Mann!
Willich:	Mir auch, Herr Räuber. Nein, zu Kitty der männermordenden Bestie kriegen mich keine zehn Pferde zurück. Die macht einen fertig, sag ich Ihnen . . . (wieder kurzes Katz- und Mausspiel zwischen den beiden) Nein und dreimal nein! Knallen Sie mich lieber ab! Keinen Schritt gehe ich weiter, so wahr ich Kurt Willich heiße.
Gangster:	Wer bist du?
Willich:	Kurt Willich. Wollen Sie meine Kennkarte sehen? (holt rasch seine Brieftasche heraus, was der Gangster nicht mehr verhindert) Bitte, hier, sehen Sie. Kurt Willich, geboren . . . in . . .
Gangster:	Du bist also gar nicht Maxe Mulmich?
Willich:	Nee, mir ist bloß mulmig, aber ich bin Willich.
Gangster:	So ein Mist verdammter! Hätt' ich bald den falschen abgeschleppt! (mit rascher Wendung ab)
Willich:	(atmet auf) Gerettet!
Frau Willich:	(tritt von der anderen Seite auf, gedehnt und höhnisch) Soho?

Willich:	(zuckt zusammen, dreht sich um, erstarrt)
Frau Willich:	(mit dem Regenschirm drohend auf ihn zu) Ich hab alles gehört, Wort für Wort . . .
Willich:	(schlotternd vor Angst)
Frau Willich:	Und nun laß ich mich von dir scheiden, du räudiger Casanova, du! (ist jetzt dicht vor ihm, während sie zum Schlag ausholt) Von mir aus hätte der Kerl dich vor meinen Augen abknallen können, du schäbiger Sexknilch du!
Willich:	(dreht sich blitzartig um und reißt aus)
Frau Willich:	(hinter ihm her, auf ihn einschlagend) Jetzt kriegst du dein Fett. (durch eine Wendung entwischt er ihr noch einmal, Verfolgung über die Bühne, mit Schlägen, die, vorher auf Band oder Cassette aufgenommen, jetzt verstärkt über Lautsprecher ausgespielt werden, dazu im Takt) Schuft! Schurke! Schubiak!

1. Variation:
Sollte Ihnen der Schluß nicht zusagen, können Sie auch eine andere Variation spielen. Während beim Schluß der ersten Fassung Frau Willich eher klein ist (Typ Inge Meisel), ist sie nun eine stattliche Dame, ihrem Mann an Größe und Gewicht überlegen. Während er noch aufatmet, schleicht sie sich auf leisen Sohlen hinter ihn. Willich dreht sich um, fröhlich pfeifend, und erblickt sie. Er starrt sie entgeistert an.

Frau Willich:	So, bist du das, Kurt Willich?
Willich:	(stammelnd) A-a-anna . . .
Frau Willich:	Allerdings. Anna Willich, deine dir gesetzlich angetraute Ehegattin. (wenn sie näher an ihn herangeht und er zurückweicht, hat das, wenn es im gleichen Schritt geschieht, eine

	komische Wirkung) Und was hast du da eben dem Onkel erzählt? (sie bedrängt ihn immer mehr, so daß er in die Knie geht) Von Lieschen Knollich, von Marta Schneckenbiß, von Elfriede, von Wally und Kitty und unserer lieben Freundin Elsa?
Willich:	(fällt lang hin und streckt alle Viere von sich)
Frau Willich:	(sieht verächtlich auf ihn herab) Du Knilch!

2. Variation:
Frau Willich tritt, nach seinem »Gerettet« auf, bleibt aber vorn an der Rampe, als drohender Drache, stehen. Willich, eine fröhliche Melodie pfeifend, will tänzelnd abgehen, da erblickt er sie. Die Melodie erstirbt auf seinen Lippen, er bleibt erschrocken stehen, seine Beine schlottern sichtbar. Sie lächelt ihn an und ruft:

Willich:	Hilfe! Meine Frau! (will ausreißen)
Frau Willich:	(hält ihn mit dem scharfen Ruf zurück) Kurt!
Willich:	(bleibt stehen, wie von einem Pistolenschuß getroffen, dreht sich langsam zu ihr um)
Frau Willich:	(katzenfreundlich) Komm, Kurtchen, komm. Jetzt gehst du mit deinem lieben Frauchen nach Hause und erzählst ihr noch mehr von den interessanten Dingen, die sie eben gehört hat. (Während sie ihn abführt, jetzt mit Stentorstimme) Und dann kannst du was erleben! (Blackout)

Oder fällt Ihnen ein zündenderer Schluß ein?

Können Wanzen lügen?

Personen: Sie, Irmi
Er, Otto
Eine Katze

Requisiten: Minikassettenrekorder, Telefon

Szene: Wohnzimmer, in der Mitte ein Sofa, davor ein kleiner Tisch, dahinter eine Palme in einem Kübel.

Otto: (tritt mit grimmigem Gesicht auf, stellt das Gerät auf den Tisch und ruft in strengem Ton) Irmi!

Irmi: (ihre Stimme aus der Küche) Ja, Otto, bist du schon da? Das Abendbrot ist gleich fertig.

Otto: Danke, mir ist der Appetit vergangen. Komm sofort her! (sieht mit bösem Blick zur Tür) Irmi!! (wartet, ballt die Fäuste) Na, wird's endlich?

Irmi: (tritt in Küchenschürze auf und sieht ihren Mann erstaunt an) Wo brennt's denn?

Otto: Das wirst du gleich sehen . . . das heißt hören.

Irmi: Was hast du denn?

Otto: (mit dem Arm zum Sofa) Setz dich!

Irmi: (setzt sich kopfschüttelnd hin) Wie du aussiehst, Otto! Ist was passiert?

Otto: Das kann man wohl sagen.

Irmi: Aber was denn, um Gottes Willen?

Otto:	(schaltet das Gerät ein) Hör dir das an! (der folgende Text wird durch das Mienenspiel der beiden entsprechend illustriert)
Irmis Stimme aus dem Gerät:	(erst etwas leiser, dennoch verständlich, wie aus der Ferne, dann näherkommend) Da bist du ja endlich, mein Liebling! Nur herein! Keine Angst! Otto ist weg. Sobald mein Gatterich aus dem Hause ist, herrscht bei mir offene Tür für dich. Du ahnst ja nicht, wie froh ich bin, wenn du bei mir bist. (Stimme jetzt laut und deutlich) So, und nun wollen wir's uns auf dem Sofa gemütlich machen. (Geräusch) Ja, ja, ich weiß schon, was du willst . . . aber ich bin ja nicht so . . . ja, so ist's richtig . . . ah, das tut gut . . . na, komm, gib mir schon ein Bussi! (Geräusch) Nicht doch, du tust mir weh! Bist du verrückt geworden? Nicht doch mit der Zunge . . . was fällt dir ein? Ja, so . . . (erst leises, dann immer stärker werdendes Lachen) Ach, das tut gut, was? Ach, du mein Herzenstrost, solange Otto nichts merkt, kannst du das jeden Nachmittag von mir haben . . .
Otto:	(schaltet ab, sieht mit bösem Blick auf Irmi, die die Zerknirschte spielt: längeres Schweigen) Wagst du, zu leugnen?
Irmi:	Was?
Otto:	Das fragst du noch? War das etwa nicht deine Stimme?
Irmi:	Sie ist es.
Otto:	Und? Was hast du dazu zu sagen?
Irmi:	Was soll ich sagen?
Otto:	Wer ist der Schuft, will ich wissen?
Irmi:	Welcher Schuft?
Otto:	Mit dem du mich betrügst.

Irmi:	Ich . . . ich . . .
Otto:	(sie unterbrechend) Versuche nicht, dich herauszureden! Die Situation ist doch wohl eindeutig. Ich möchte nur wissen, was du dazu zu sagen hast!
Irmi:	Daß du ein Schuft bist!
Otto:	Ich?
Irmi:	Ja, du! Mich zu bespitzeln! Schäm' dich!
Otto:	Das wird ja immer schöner! Meine Frau betrügt mich und ich soll mich schämen? Oder hast du mich etwa nicht betrogen?
Irmi:	Wenn man es ganz genau nimmt, ein bißchen schon . . .
Otto:	(empört ihre Stimme vom Band nachahmend) Nicht so wild! Mein Herzenstrost! Solange Otto nichts merkt! Wenn das kein Scheidungsgrund ist! Wenn ich das Band vor Gericht vorführe . . .
Irmi:	(ihn unterbrechend) Tonbänder gelten nicht als Beweismittel, Otto. Weißt du das nicht?
Otto:	Mir genügt es! Mir reicht es sogar! Zum letzten Mal: Wer war es? Karl oder Erich?
Irmi:	Wenn du es genau wissen willst, keiner von beiden.
Otto:	Wird ja immer schöner! Ein Wildfremder also?
Irmi:	Das möchte ich nicht sagen.
Otto:	Ich kenne ihn also?
Irmi:	(zögernd) Ja . . . schon. Aber ihr steht auf Kriegsfuß miteinander. Er hat Angst vor dir.

Otto:	Er hat auch Grund dazu! Und wird noch mehr Angst vor mir kriegen, wenn ich erst... also, raus mit der Sprache: Wer ist der Kerl? Wo steckt er? Ich bringe ihn um.
Irmi:	Das fehlte noch! Aber wenn du mir versprichst, ihm nichts zu tun, dann... hol' ich ihn.
Otto:	Woher?
Irmi:	(steht auf und geht mit den folgenden Worten hinaus) Aus meinem Bett. Da hab' ich ihn nämlich vor dir versteckt. (ab)
Otto:	(springt auf und rennt im Zimmer hin und her, die Hände an die Schläfen pochend) Ich werde wahnsinnig... ich werde wahnsinnig... ich werde wahnsinnig...
Irmi:	(kommt, einen Kater auf dem Arm, zurück) Darf ich vorstellen: mein nachmittäglicher Liebhaber. Der immer vor dir wegläuft.
Otto:	(verdattert) Der Kater unseres Nachbarn!
Irmi:	Und willst du wissen, wie er heißt?
Otto:	Nein.
Irmi:	Casanova!
Otto:	(sinkt in seinem Sessel zusammen, steht wieder auf)
Irmi:	(setzt sich mit dem Kater, den sie streichelt, auf das Sofa) Ach, spiel doch bitte das Band noch einmal ab, Otto!
Otto:	(während er das Band zurückspulen läßt) Kannst du mir noch einmal verzeihen, Irmi?
Irmi:	Unter einer Bedingung. Daß du nie mehr eifersüchtig bist.
Otto:	Ich schwöre es.

Irmi:	Mich nie mehr verdächtigt! (mit dem rechten Zeigefinger auf das Gerät weisend) Und nun zur Strafe!
Otto:	(läßt das Band noch einmal ablaufen. Wenn man einen geduldigen Kater auftreiben kann und der Dressurakt gelingt, illustriert Irmi den Text durch das Spiel mit dem Kater möglichst synchron. Sonst schmust sie mit ihm und sieht zwischendurch triumphierend auf ihren Mann, der immer mehr in sich zusammensinkt.)
Otto:	(schaltet ab.) Nein, ich will das nicht mehr hören! Wie konnte ich dir so Unrecht tun!
Irmi:	(während sie den Kater hinausbringt) Wenn du das nur einsiehst! Ich bin ja nicht unversöhnlich, Otto. – So, Casanova, mein kleiner Liebling, nun troll dich, und morgen Nachmittag darfst du wieder zu mir kommen. (Geht zu Otto und legt ihm die Arme von hinten um die Schulter) Na, wie willst du das wieder gutmachen?
Otto:	(windet sich komisch, so daß sie sich einen Kuß geben können) So! (dann löst er sich und steht wie ein Held vor ihr) Und indem ich dir beweise, daß ich dir voll und ganz vertraue.
Irmi:	Und wie willst du das anstellen?
Otto:	Ich gehe jetzt sofort zu meinem Kegelabend.
Irmi:	Aber Otto!
Otto:	Ja, und unser Vorstand hat Geburtstag – es wird also etwas länger dauern.
Irmi:	Und ohne Abendbrot?
Otto:	Der Vorstand hat Spanferkel spendiert.
Irmi:	Na dann guten Appetit und viel Vergnügen!

Otto:	(sie umarmend) Leb wohl, Irmi. Wenn ich heimkomme, feiern wir ganz groß Versöhnung.
Irmi:	Wenn du dann nicht zu blau bist! (Der Abschied und das Hinausbegleiten können nach Belieben ausgespielt werden; Irmi kommt zurück, läßt die Tür offen, geht zum Telefon und wählt) Hier Irmi. Karli, bist du's? Du, ich muß dir was Tolles erzählen. Otto hatte in der Palme hinter'm Sofa ein Mikrofon installiert. Zum Glück hab ich's entdeckt . . . und dann eine Schau abgezogen . . . und er ist prompt darauf reingefallen . . . Komm doch rüber, dann kann ich dir das Band vorspielen . . . Es ist noch nicht gelöscht. – Ja, du kannst ganz beruhigt kommen. Otto ist zum Kegeln.
Otto:	(erscheint in der Tür und steht dort, wie der Komtur in »Don Juan)
Irmi:	Ja, zum Kegeln, ist das nicht zum Piepen? Bis Mitternacht kommt der bestimmt nicht zurück. (Mit den nächsten Worten dreht sie sich um und erblickt Otto) Bis dahin können wir . . . (sie erstarrt zur Salzsäule, der Hörer fällt aus ihrer Hand) (Blackout)

Pipapola oder das Wundermittel

Personen: Frau Meier
Frau Schulze

Requisiten: Ein mittelgroßer Karton (vielleicht ein mit Buntpapier beklebter Schuhkarton), darauf groß die Buchstaben »Pipapola« erkennbar. Zwei Drittel des Kartons sind mit Papier gefüllt, obenauf liegt eine Schicht Haferflocken, die mit Himbeer- oder Erdbeersirup rötlich gefärbt wurde. Eine Medizinflasche mit roter Flüssigkeit und einem Aufkleber »Pipapola«, ein Suppenlöffel, Rundfunkgerät (sichtbar), Tonbandgerät oder Kassettenrekorder (unsichtbar)

Szene: Wohnzimmer, Küche, irgendeine bürgerliche Behausung. An der Rückwand hängt, statt eines Bildes, ein Plakat mit einem Doppelporträt von Frau Meier, einmal verhärmt und gekrümmt am Krückstock, daneben oder darunter in gelöster Balettpose. Da vergrößerte Fotos zu teuer sind, begnügen wir uns mit gezeichneten oder gemalten Karikaturen und pinseln den Reklametext um die Bilder.
Licht an, die Szene ist leer.

Frau Meier: (hinter der Szene) Kommen Sie doch herein, Frau Schulze. (die beiden Damen, Frau Meier und Frau Schulze, betreten die Bühne)

Frau Schulze: Entschuldigen Sie, wenn ich störe.

Frau Meier: Aber, Sie stören kein bißchen, Frau Schulze.

Frau Schulze: Ich wollte Ihnen ja auch nur gratulieren, weil Sie jetzt so berühmt geworden sind. (vor das Plakat tretend) Prima getroffen hat Sie der Fotograf! Hat Ihnen also tatsächlich Pipapola so geholfen?

Frau Meier:	Und wie! Das sehen Sie doch.
Frau Schulze:	Ist das mit der Reklame also kein Schwindel?
Frau Meier:	Kein bißchen! Soll ich's Ihnen beweisen?
Frau Schulze:	Wie denn?
Frau Meier:	Das werden Sie gleich erleben. (stellt das Rundfunkgerät ein, von Tonband oder Kassette ertönt Tanzmusik über Lautsprecher; sie umfaßt Frau Schulze und tanzt mit ihr) Sehen Sie, ich kann tanzen wie ein junges Mädchen.
Frau Schulze:	(japst) Hören Sie auf! Ich kann nicht mehr.
Frau Meier:	(läßt Frau Schulze los, die sich setzen muß; stellt das Rundfunkgerät ab) Und wissen Sie noch, wie ich vor drei Wochen herumgekrochen bin?
Frau Schulze:	Sie kamen ja kaum noch die Treppe hoch.
Frau Meier:	Und erst die Schmerzen! Nein, dieses Rheuma! Jahrelang habe ich damit herumgedoktert. Kein Arzt und kein Heilpraktiker konnte mir helfen. Und was hab ich nicht alles für Zeug ausprobiert?! Pflanzen, Bouillons, Tees, Pulver, Pillen und Fläschchen, geholfen hat nischt!
Frau Schulze:	Bis auf Pipapola!
Frau Meier:	Bis auf Pipapola!
Frau Schulze:	Und wie schnell hat das gewirkt? Erzählen Sie doch mal.
Frau Meier:	Ja, also – ich hab das Zeug bestellt und da kam so'n Karton an; und auf der Gebrauchsanweisung stand: dreimal täglich einen Löffel voll.
Frau Schulze:	Einen Kaffeelöffel?

Pipapola
half ihr auf die Beine

Frau Meier kann jetzt wieder tanzen! durch Wundermittel

Pipapola

Frau Meier:	Nee, ich hab einen Suppenlöffel genommen.
Frau Schulze:	Und dann fühlten Sie, wie es besser wurde?
Frau Meier:	Nee, in den ersten Tagen habe ich überhaupt nichts gemerkt. Aber nach einer Woche war mein Rheuma plötzlich wie weggeblasen.
Frau Schulze:	Ist nicht möglich?!
Frau Meier:	Doch! Vor Freude hab ich einen Luftsprung gemacht und der Firma sofort ein Dankschreiben geschickt.
Frau Schulze:	Und Ihre Bilder?
Frau Meier:	Ja, die haben mir einen Fotografen geschickt ...
Frau Schulze:	Und nun sind Sie in der ganzen Stadt bekanntgeworden. Aber was haben Sie denn für die Reklame bekommen?
Frau Meier:	Ein Dutzend Kartons Pipapola. Wollen Sie einen haben?
Frau Schulze:	Sehr gern, Frau Meier. Ich brauch's ja nicht für mich, aber Opa hat es doch so im Kreuz.
Frau Meier:	(holt einen Karton aus dem Schrank und stellt ihn vor Frau Schulze hin) Hier, sehen Sie, das ist das Wundermittel. Einen neuen hol ich Ihnen gleich. Das ist der, mit dem ich mich kuriert habe.
Frau Schulze:	Schmeckt's denn gut, Frau Meier?
Frau Meier:	Nee. Nach gar nichts. Aber ich hab schon Schlimmeres geschluckt. Probieren Sie doch mal! Bißchen holzig, aber man kriegt es runter.
Frau Schulze:	Ja, neugierig wär ich schon. Und schaden kann's ja nichts.

Frau Meier:	Hab ich mir auch gedacht, und hab's bis gestern noch genommen, aber bloß noch einen Löffel täglich.
Frau Schulze:	(nimmt einen Löffel voll aus der Kiste, probiert – und macht ein komisches Gesicht) Na, hören Sie mal Frau Meier, das schmeckt aber komisch. Hm . . . wie Holz.
Frau Meier:	Sag ich Ihnen doch.
Frau Schulze:	(stochert mit dem Löffel noch einmal in der Kiste herum und stößt auf etwas Hartes) Nanu, was ist denn das?
Frau Meier:	Sind Sie vielleicht mit dem Löffel auf den Boden gestoßen?
Frau Schulze:	Nee. (langt mit der Hand hinein und holt ein kleines Fläschchen mit roter Flüssigkeit heraus) Was ist denn das?
Frau Meier:	(tritt hinzu, beide Frauen starren auf das Fläschchen, sehen sich erstaunt an)
Frau Schulze:	(liest leise) Pipapola . . . Ich werd' verrückt. Frau Meier, *das ist doch erst das Mittel!*
Frau Meier:	Ich werd verrückt! Hab ich dumme Kuh doch die gefärbten Sägespäne gefressen! (Blackout)

(Dieser Sketch gewinnt an Reiz, wenn man ihn in die heimatliche Mundart übersetzt).

Der Schmuck der Soraya

Personen:	Juwelier 1. Kunde (Generaldirektor) 2. Kunde Kundin (Baronin) Kommissar
Requisiten:	Ein Schmuckstück (Brillantkollier, Perlenkette oder was zur Verfügung steht), protzige Aktentasche (imitiertes Krokodilleder oder etwas in der Art), Revolver, zangenartiges Werkzeug
Szene:	Die Bühne ist geteilt. Zwei Drittel links zeigen eine intime Kundenecke eines Juweliergeschäfts mit einem Sessel-Arrangement und einem Tischchen. Im Hintergrund ist die Ladentür gedacht, die man durch einen Vorhang kaschieren kann. Das rechte Drittel der Bühne stellt eine Hausecke dar. Falls eine annähernd realistische Dekoration nicht möglich ist, genügen zwei Schilder. »Juwelier Fallnichtrein« und »Ganovengasse« wären zu verräterisch, wählen wir lieber unverfängliche, am besten veränderte Namen des Spielortes, vielleicht »Juwelier Haberding« und »Ringstraße«. Im Juweliergeschäft ist Licht an, die Straßenecke rechts ist dunkel.
Juwelier:	(gibt dem 1. Kunden das Schmuckstück in die Hand)
1. Kunde:	(bewundert es) Wunderbar! Dieser Glanz, dieses Feuer! Ja, das sind Diamanten reinsten Wassers! (bei Perlen oder anderem Schmuck entsprechende Lobesäußerungen, desgleichen Textänderungen im folgenden) Und Sie behaupten, der Schah hätte den Schmuck der Soraya geschenkt?
Juwelier:	Ja, aber die Prinzessin verkaufte ihn.

1. Kunde:	Hatte sie das nötig?
Juwelier:	Nicht direkt. Sie kaufte sich eine Villa in St. Moritz dafür.
1. Kunde:	Nur für diese drei Diamanten?
Juwelier:	Nein, der Schmuck bestand ursprünglich aus dreihundert Diamanten, aber wer kauft schon Schmuck für drei Millionen? Juweliere in Amsterdam haben hundert Stück wie dieses daraus gemacht.
1. Kunde:	Aha! Ich verstehe. Und was soll das Stück nun kosten?
Juwelier:	Mein Herr, Sie haben Glück! Es ist eine einmalige Gelegenheit, ich kann es Ihnen zum halben Preis anbieten.
1. Kunde:	Und der wäre?
Juwelier:	Fünfzehntausend.
1. Kunde:	Immer noch eine stolze Summe! Für zwölf geht's nicht?
Juwelier:	Ausgeschlossen! Ich verdiene so schon kaum etwas dabei. Es ist eine reine Gefälligkeit für eine verarmte Baronin. Sie verstehen ... ein Notverkauf. Darum bekommen Sie den Schmuck so billig ... Geradezu geschenkt.
1. Kunde:	(mit einem maliziösen Lächeln) Ja, ja, geschenkt! (reicht den Schmuck dem Juwelier zurück) Also gut! Für meine Freundin ist mir nichts zu teuer. Ein tolles Weib, sage ich Ihnen. Die wird Augen machen, wenn ich es ihr diskret unter der Serviette zuschieben werde, im Hotel Adlon (oder Name eines Hotels am Platz des Spielortes), und zwar (sieht auf die Uhr) in einer Viertelstunde! Bitte beeilen Sie sich, meine Freundin haßt es, wenn ich nicht pünktlich bin.
Juwelier:	Sehr wohl, mein Herr. (während der Juwelier den Schmuck einpackt, sucht der Kunde, nervöser werdend, nach seiner Brieftasche, sieht

	auch in seiner Aktentasche nach. Gleichzeitig betritt der 2. Kunde das Geschäft.)
1. Kunde:	Zu dumm! Ich muß meine Scheckkarte in einem anderen Anzug gelassen haben. Das kommt davon, wenn man zuviel Garderobe hat.
Juwelier:	(mißtrauisch) Ja, dann . . .
1. Kunde:	(schnell) Aber das macht gar nichts! Ich lasse Ihnen als Pfand meine Tasche hier . . . sehen Sie, Aktien! Zehnmal soviel wert wie Ihr lächerlicher Schmuck. Da können Sie ganz beruhigt sein.
2. Kunde:	(der jetzt erst den 1. Kunden wahrnimmt) Guten Tag, Herr Generaldirektor!
1. Kunde:	(über die Schulter, den 2. Kunden kaum bemerkend) Guten Tag. (er dreht sich dann zum 2. Kunden um und sagt etwas freundlicher) Sie kennen mich?
2. Kunde:	Aber sicher doch, Herr Generaldirektor von Bredersdorf. Wir hatten vorige Woche das Vergnügen . . .
1. Kunde:	(fällt ihm ins Wort) Ach, richtig, Sie sind äh . . . der Prokurist von Amsink & Co. Sie waren bei dem Abschluß über die Lieferung nach Uganda dabei, stimmt's?
2. Kunde:	Genau, Herr Generaldirektor, ein Drei-Millionen-Geschäft!
1. Kunde:	Bei dem Ihre Firma einen ganz schönen Schnitt gemacht hat, mein Lieber! (lässig zum Juwelier) Na, sind Sie fertig? Sie wissen, ich hab's eilig.
Juwelier:	(immer noch mißtrauisch, hält den eingepackten Schmuck fest in der Hand)
1. Kunde:	(in seiner Aktentasche kramend) Ich muß doch mal sehen, vielleicht habe ich die verdammte Karte doch . . . (unterdessen der Juwelier den 2. Kunden beiseite winkend)

Juwelier:	(leise) Äh, Sie kennen den Herrn?
2. Kunde:	Ja, aber sicher! Ein ganz großes Tier, vielfacher Millionär.
1. Kunde:	(dem Juwelier die Aktentasche gebend) Hier! Ich vertraue Ihnen ein Vermögen an! Wenn ich auf dem Weg zum Hotel überfahren werde, haben Sie das Geschäft Ihres Lebens gemacht, mein Lieber!
Juwelier:	Ich werde die Tasche hüten wie meinen Augapfel, Herr Generaldirektor. (übergibt dem Kunden den Schmuck und dienert)
1. Kunde:	Selbstverständlich schicke ich Ihnen vom Hotel sofort einen Scheck, oder wollen Sie's lieber bar?
Juwelier:	Ganz nach Belieben, Herr Generaldirektor.
1. Kunde:	(zum 2. Kunden) Auf Wiedersehen, Herr ... wie war doch Ihr Name?
2. Kunde:	Kramer, Herr Generaldirektor.
1. Kunde:	Also, leben Sie wohl! Grüßen Sie Herrn Direktor Mümmeleisen!
2. Kunde:	Mit größtem Vergnügen, Herr Generaldirektor.
1. Kunde:	(im Hinausgehen) Rufen Sie mich doch im Adlon an! Bin heute Abend frei. Wie wär's mit einem kleinen Whisky an der Bar?
2. Kunde:	Sehr liebenswürdig, Herr Generaldirektor.
Juwelier:	(den 1. Kunden zur Tür geleitend) Vielen Dank, Herr Generaldirektor, beehren Sie mich wieder, Herr Generaldirektor.
1. Kunde:	(im Hinausgehen) Das dürfte sich leider kaum verwirklichen lassen. Muß morgen nach Afrika fliegen, übermorgen nach

	Australien, und weiß der Teufel, wo ich sonst noch landen werde. (geht ab)
2. Kunde:	(verbeißt sich bei dem letzten Satz des 1. Kunden ein Lachen)
Juwelier:	(wendet sich zum 2. Kunden) Und womit darf ich Ihnen dienen, mein Herr?
2. Kunde:	Ach, ich wollte eigentlich nur fragen, wo der nächste Taxenstand ist.
Juwelier:	Wie? Ach so . . . gleich um die Ecke links, können Sie gar nicht verfehlen.
2. Kunde:	Oh, vielen Dank. (geht ab, stößt in der Tür mit einem anderen Herrn zusammen, der – wenn es nicht möglich ist, den Darsteller Eric Ode ähnlich sehen zu lassen – dem Klischee vom deutschen Kriminalkommissar entsprechen sollte; der 2. Kunde verbirgt sein Gesicht und eilt weg)
Kommissar:	(zeigt dem Juwelier eine Marke) Kommissar Ode, Kriminalpolizei. War eben ein Herr hier? (beschreibt das Aussehen des 1. Kunden)
Juwelier:	E-e-eben ging er zur Türe hinaus.
Kommissar:	Verdammt! Ist mir der Bursche wieder entwischt! Aber ich bin ihm jetzt dicht auf der Spur.
Juwelier:	Ist etwas mit dem Herrn nicht in Ordnung?
Kommissar:	Etwas? Gar nichts ist bei dem in Ordnung! Ein ausgekochter Hochstapler! Hoffentlich hat er bei Ihnen noch kein Unheil angerichtet?
Juwelier:	Fünfzehntausend!
Kommissar:	Was?

Juwelier:	Um fünfzehntausend Mark hat er mich geprellt! Er hat den Schmuck der Soraya mitgenommen! Aber irren Sie sich auch nicht, Herr Kommissar? Der Herr Generaldirektor wollte mir Scheck oder Geld aus dem Hotel Adlon schicken! Und der andere Herr kannte ihn doch, sogar mit Namen. Von Bredersdorf oder so ähnlich hieß er.
Kommissar:	Mann, der hat hundert Namen!
Juwelier:	Aber er hat mir doch seine Aktentasche hiergelassen, (die Tasche hervorhebend) Sehen Sie! Hier! Mit Aktien, die zehnmal mehr wert sind als mein Schmuck.
Kommissar:	Zeigen Sie mal her!
Juwelier:	(gibt ihm die Tasche)
Kommissar:	(öffnet sie und holt Papiere heraus) Haben Sie sich die Dinger angesehen?
Juwelier:	Näher noch nicht.
Kommissar:	Plumpe Fälschungen! Keinen Heller wert! Also ... die Tasche muß ich beschlagnahmen, als Beweismaterial. (er hat es plötzlich sehr eilig) Da muß ich mich aber sputen, damit ich den Burschen endlich in die Finger kriege. Und darauf können Sie sich verlassen: Es kann sich nur um Minuten handeln, dann seh ich dem Kerl in die Pupille. (im Hinausgehen) Sie hören noch von der Sache! Tschüs! (ab)
Juwelier:	(sich auf einen Stuhl setzend, verzweifelt) Fünfzehntausend! Was mach ich nun mit der Baronin? Fünfzehntausend ... (Blackout im Juwelierladen, Licht an auf der rechten Seite, halbdunkel, dennoch Personen und Gegenstände erkennbar)
1. Kunde:	(hat den Schmuck ausgepackt und besieht ihn sich triumphierend. Er erschrickt und steckt ihn weg, als er Schritte hört)

2. Kunde:	(herankommend) Na, das ging ja wie am Schnürchen.
1. Kunde:	Kunststück! Bei meinem Auftreten! Aber du warst auch nicht schlecht!
2. Kunde:	Zeig mal her!
1. Kunde:	(holt den Schmuck aus der Tasche; beide besehen ihn sich)
Stimme:	(im Hintergrund) Hände hoch!
1., 2. Kunde:	(fahren erschrocken zusammen)
Kommissar:	(einen Revolver in der Hand, kommt näher) Keine Bewegung! Und die Hände hoch, habe ich gesagt!
1., 2. Kunde:	(folgen zögernd dem Befehl, der 1. Kunde mit dem Schmuck in der Hand)
Kommissar:	(den Revolver wegsteckend und sich den Schmuck schnappend) Na, ihr seid mir ja schöne Gauner! Laßt euch so leicht ins Bockshorn jagen.
1., 2. Kunde:	(erleichtert, gleichzeitig) Ach, du bist's, Karle?
2. Kunde:	Uns so einen Schrecken einzujagen!
Kommissar:	Dachtet ihr, ich sei der Weihnachtsmann?
1. Kunde:	Nee, beschert haben wir uns ja schon selbst.
Kommissar:	(ein Werkzeug aus der Tasche nehmend) Quatsch nicht so lange! Für jeden ein so'n Glitzerding ...
2. Kunde:	Bist du verrückt, doch nicht hier auf offener Straße teilen!
Kommissar:	Dann aber auf meiner Bude! Euch Brüdern trau' ich doch nicht über'n Weg!

2. Kunde: Hauen wir bloß ab! Wenn uns der Juwelier echte Bullen auf den Hals hetzt –

1. Kunde: Ich gäb was drum, wenn ich jetzt dem sein Gesicht sehen könnte!
(Blackout auf der Straßenseite, hell im Juwelierladen)

Juwelier: (sitzt, vor sich hinstarrend, wie gelähmt auf seinem Stuhl; eine Dame betritt das Geschäft; er zuckt zusammen, als sie ihn anspricht)

Dame: Verzeihung, ich hatte Ihnen doch den Schmuck der Soraya hiergelassen. Sie haben ihn doch hoffentlich noch nicht verkauft?

Juwelier: (stammelt Unverständliches)

Dame: Ich möchte Sie nämlich bitten, ihn mir zurückzugeben.

Juwelier: (nach Worten ringend) Ach, Frau Baronin, ich, ich . . . ich . . .

Dame: Es ist mit etwas peinlich, aber meine Tochter hielt es für gefährlich, bei jeder Gelegenheit den wertvollen Schmuck zu tragen – und da haben wir uns eine billige Fälschung herstellen lassen. Aus Versehen habe ich Ihnen leider den falschen Schmuck gegeben. (den Schmuck – es ist natürlich für die Szene derselbe, man braucht also keine zwei Exemplare – aus ihrer Tasche nehmend und hochhaltend) Hier ist der echte!
(Blackout)

Russisches Roulette mit Cognac

Personen: Lou, attraktive junge Frau
Manfred, ihr (älterer) Gatte
Roberto, ihr Liebhaber

Requisiten: Ein Leuchter mit Kerzen, eine Flasche Cognac, ein Tütchen, zwei Cognacschwenker ohne und einer mit Goldrand, zwei »Abschiedsbriefe« (Text ausschreiben!)

Szene: Vorn ein Sessel-Arrangement mit einem Couchtisch, im Hintergrund ein Sideboard, auf dem eine (noch nicht geöffnete) Flasche Cognac und ein Leuchter mit brennenden Kerzen stehen. Der Raum soll nach Reichtum aussehen. Nicht nötig, aber dekorativ und symbolisch zugleich wäre es, wenn über dem Sideboard ein vergrößertes Foto von Lou hängen würde, das sie als eine Art Sphinx darstellt. Sollte gar ein begabter Maler unter Ihnen sein, wäre ein Porträt in Öl natürlich der Clou. Alle Auftritte von links.
Die drei Rollen müssen absolut ernst genommen und seriös gespielt werden. Besonders dürfen einige bewußt kitschige Stellen nicht ironisch gesprochen werden. Je überzeugender der Spieler seinen Text bringt, umso mehr kommt die Tragikomik des Spiels zur Geltung. Besonders die Darstellerin der Lou muß immer im Augenblick an jedes Wort glauben, das sie sagt, und auf keinen Fall merken lassen, wann sie lügt. Vielleicht weiß sie das tatsächlich selbst nicht?

Lou: (steht en face zum Publikum ganz vorn, hält zwei Cognacschwenker hoch und betrachtet sie nachdenklich. Man sieht ihr an, daß sie plötzlich eine Idee hat. Sie geht um das Sessel-Arrangement herum zum Sideboard, öffnet das Fach, stellt einen Cognacschwenker hinein, entnimmt ihm einen anderen, kommt wieder nach vorn und hält jetzt die beiden Gläser hoch gegen das Licht. Man erkennt deutlich, daß ein

Cognacschwenker einen Goldrand hat, der andere keinen. Lou lächelt wie eine Sphinx und sagte leise) So. Das Spiel kann beginnen.

Manfred: (tritt auf, ein Blatt Papier in der Hand)

Lou: (schrickt leicht zusammen, stellt die Gläser auf den Couchtisch und wendet sich mit großen Augen ihrem Gatten zu)

Manfred: Da. Mein Abschiedsbrief.

Lou: Ach, Manfred.

Manfred: Willst du ihn hören?

Lou: Ich kann es immer noch nicht glauben.

Manfred: Was?

Lou: Bisher war's Spiel. Soll es nun wirklich bitterer Ernst werden?
(Sie stehen sich, durch den Couchtisch getrennt, gegenüber und starren sich eine Weile stumm an)

Manfred: Wir haben keine Zeit mehr, Lou, lange zu lamentieren. In drei Minuten kommt Roberto, dann ist es soweit.

Lou: Roberto war niemals pünktlich.

Manfred: Du mußt es ja wissen.

Lou: (demütig) Ja, Manfred. (bitter) Ich weiß es nur zu gut.

Manfred: Willst du also nun meinen Abschiedsbrief zur Kenntnis nehmen oder nicht?

Lou: (mit schmerzerstickter Stimme) Bitte, lies.

Manfred: (setzt sich in den linken Sessel und liest)
Einzige Frau meines Lebens.

Lou:	(sinkt aufschluchzend in den rechten Sessel)
Manfred:	(liest weiter) Seit ich weiß, daß du einen Anderen mehr liebst als mich, will ich nicht weiterleben. Was nützen mir meine Millionen, wenn ich dich nicht habe? Vergib mir, was ich dir antue, aber ich kann, ich will nicht mehr.
Lou:	(verbirgt ihr Gesicht in den Händen)
Manfred:	(liest weiter) Ich werde heute in meinen Abend-Cognac ein wenig Arsen geben...
Lou:	(nimmt die Hände vom Gesicht, das sich zu einem stummen Schrei verzerrt)
Manfred:	... und du bist frei. (liest mit ersterbender Stimme zu Ende) In Liebe bis in den Tod ...dein Manfred.
Lou:	Nein, Manfred, das darf nicht sein!
Manfred:	Was?
Lou:	Ich weiß nicht... ich bin nicht mehr sicher... (Pause) du warst immer so lieb, so verständnisvoll (Pause) und wie habe ich dir das vergolten?
Manfred:	(seinen Abschiedsbrief auf den Tisch legend) Ach, Lou, du bist eine Frau, ein Weib, eine Tochter Evas. Da erschien dir die Schlange in Gestalt eines schönen jungen Mannes, eines feurigen Liebhabers, und ich bin nicht mehr der Jüngste.
Lou:	(springt auf und läuft erregt hin und her) Foltere mich nicht, Manfred! Ich bin völlig fertig mit den Nerven. Ich werde noch verrückt. Wenn wir nur noch Zeit hätten, aber ausgerechnet diesmal wird Roberto pünktlich sein.
Manfred:	(den Kopf nach hinten gelehnt, mit geschlossenen Augen) Hoffentlich! Ich wünschte, ich hätte es hinter mit.

Lou:	(wie vorher) Das ertrage ich nicht! Nein, du darfst nicht sterben, Manfred. Es gibt keinen besseren Menschen auf der Welt als dich.
Manfred:	Die Erkenntnis kommt dir reichlich spät.
Lou:	Ich ertrage den Gedanken nicht, dich zu verlieren. (tritt hinter seinen Sessel, sich über ihn beugend) Ich brauche dich, Manfred.
Manfred:	(die Augen öffnend, zu ihr aufschauend) Ist das dein Ernst?
Lou:	Ja.
Manfred:	(springt auf) Dann komm, sofort!
Lou:	Wohin?
Manfred:	(sich zu ihr wendend, während sie wie erstarrt vor ihm steht) Wohin du willst. Hawai, Honolulu, Paris. Mein Scheckheft habe ich bei mir. Das Auto ist in der Garage. In einer Viertelstunde sind wir auf dem Flughafen.
Lou:	(schweigt einen Moment, dann) Ja, das wär herrlich. (schweigt wieder, dann leise) Aber…Roberto?
Manfred:	Den schicken wir zum Teufel.
Lou:	Wenn das so leicht wäre.
Manfred:	Du liebst ihn also doch?
Lou:	(nach einigem Zögern) N-nein, aber…
Manfred:	Was aber?
Lou:	(geht wieder aufgeregt hin und her, von Manfred verfolgt) Er hat mich verzaubert. Wie soll ich von ihm loskommen?

Manfred:	Wenn wir erst weit weg sind...
Lou:	Er wird uns überall hin folgen.
Manfred:	Dazu wird ihm bald das nötige Kleingeld fehlen. Vergiß nicht, daß er ein brotloser Künstler ist.
Lou:	Vergiß nicht, wie raffiniert ... ich meine, wie findig Roberto ist, und daß er sich mit seinem Charme überall durchschnorren kann. Verlaß dich darauf, er wird immer Mittel und Wege finden, um uns zu verfolgen. Er wird nie von mir lassen. Und ich fühle mich ihm machtlos ausgeliefert. (sinkt verzweifelt an der Rücklehne des rechten Sessels nieder) Ach, es ist alles hoffnungslos. Kein Ausweg! Kein Ausweg!
Manfred:	(sie behutsam hochziehend) Nun übertreib nicht, Lou! Noch steht alles auf des Messers Schneide. Auch Roberto kann das falsche Glas erwischen, oder das richtige.
Lou:	Wie meinst du?
Manfred:	(sie stehen jetzt nahe beieinander, die nächsten Sätze folgen Schlag auf Schlag) Wenn Roberto stirbt, ist es doch aus mit seiner Macht über dich. Oder nicht?
Lou:	Ja, wenn Roberto nicht wäre...
Manfred:	...dann könntest du...
Lou:	Könnte ich?
Manfred:	Könnten wir ...
Lou:	...leben wie früher.
Manfred:	Wie im Paradies!
Lou:	Ach, könnten wir doch wieder glücklich werden!

Manfred:	Also brauche ich nur zur Göttin Zufall zu beten, daß sie mir gnädig sei.
Lou:	(sich von ihm lösend) Ob beten genügt, weiß ich nicht.
Manfred:	Was wäre sonst zu tun?
Lou:	Du, als der Beleidigte, wählst doch das Glas, das du trinken willst.
Manfred:	Nein, wir knobeln, wer das erste Glas nimmt.
Lou:	Gut! Dann gewinnst du.
Manfred:	Wieso?
Lou:	Nun, Roberto ist doch Maler. Also wird er garantiert ›Papier‹ wählen.
Manfred:	Und wenn ich also ›Schere‹ wähle?
Lou:	… darfst du dir dein Glas aussuchen.
Manfred:	Dann steht es immer noch fünfzig zu fünfzig.
Lou:	(mit dem Rücken zum Sideboard, ihre Arme auf ihm ausbreitend) Nicht unbedingt.
Manfred:	Was hast du vor?
Lou:	Siehst du die zwei Gläser auf dem Couchtisch?
Manfred:	Natürlich. Zwei Cognac-Schwenker, einer mit Goldrand, einer ohne.
Lou:	Ist das nicht ein Wink des Schicksals?
Manfred:	Ja, wenn mir das Schicksal zuwinken würde, in *welchem* Glas das Gift sein wird.

Lou:	Vielleicht spiele *ich* Schicksal.
Manfred:	Du? Aber wie?
Lou:	Ganz einfach. Indem ich dir verrate, mein Schatz, in welches Glas ich das Arsen schütten werde.
Manfred:	Das willst du tun?
Lou:	(geht zum Couchtisch und nimmt die Gläser hoch) Ja, das tue ich für dich, Manfred. Welches möchtest du?
Manfred:	Das ist doch gleich. Du mußt nur sicher sein, damit es keine Verwechslung gibt.
Lou:	(stellt das eine Glas weg) Also gut. (hebt den Schwenker mit dem Goldrand hoch) Das Gift kommt also in den Goldrandschwenker. Merk es dir gut.
Manfred:	Ich bin doch kein Vollidiot. (es klingelt)
Beide:	Roberto!
Lou:	Diesmal also doch pünktlich... ich geh ihm öffnen.
Manfred:	(energisch) Nein, ich! (geht ab)
Lou:	(nimmt die beiden Gläser vom Couchtisch und stellt sie auf das Sideboard rechts und links von der Cognac-Flasche; dann geht sie zu der Palme oder einem anderen Gegenstand, wo sie einem Versteck ein kleines weißes Beutelchen oder Tütchen entnimmt, das sie zunächst auf dem Sideboard ablegt; sie öffnet die Flasche Cognac, riecht daran und gießt jedes der beiden Gläser halbvoll; dann nimmt sie das Tütchen hoch, öffnet es, riecht daran, ihr Gesicht wendet sich ab; Lou steht jetzt mit dem Rücken zum Publikum und zieht die Gläser an sich heran, so daß man nicht sieht, in welches Glas sie das Pulver schüttet)

Manfred und
Roberto: (treten auf)

Roberto: Entschuldige, Lou, daß ich diesmal pünktlich bin. Aber zum Sterben soll man nie zu spät kommen.

Lou: Wie kannst du so frivol reden, Roberto, wo es doch um Leben und Tod geht?

Manfred: Ich finde, wir halten uns nicht lange mit der Vorrede auf, sondern kommen zur Sache. Darf ich der Ordnung halber noch einmal unsere Vereinbarung wiederholen? Wir haben uns verpflichtet, – Sie und ich – jeder ein Glas Cognac zu trinken, das ›unsere‹ Lou ... uns reichen wird. In einem der Gläser wird sich Arsen befinden. Damit es kein gerichtliches Nachspiel gibt und einwandfrei auf Selbstmord erkannt wird, hat jeder von uns einen Abschiedsbrief geschrieben ... wo ist der Ihre?

Roberto: Hier. (hat im folgenden nur Auge und Ohr für Lou)

Manfred: zeigen Sie mal! (Roberto übergibt ihm den Brief, Manfred liest) Was ist die Welt ohne die Frau, die ich liebe? Was ist die Welt ohne meine Bilder? Nichts, nichts, nichts! Also mag das Nichts mich verschlingen! Sie liebt mich nicht. Das raubt mir mein Talent und drückt mir den Giftbecher in die Hand, den ich in der nächsten Minute schlürfen werde. Leb wohl, schöne, schnöde Welt! Leb wohl, Geliebte! Roberto. – Romantischer Quatsch! Aber jeder geht eben nach seinem Geschmack zum Teufel.

Lou: Macht endlich Schluß! Ich kann das nicht länger ertragen!

Manfred: Gönn uns doch noch eine Minute Leben...das heißt: einem von uns.

Roberto: Vereinbarungsgemäß wollten wir knobeln, wer zum ersten Glas greifen darf.

Manfred:	Also los. (sie holen zum Knobeln aus)
Manfred:	Stop!
Lou:	Was denn noch?
Manfred:	Wo sind die Abschiedsbriefe?
Lou:	(am Rand der Hysterie, legt sie die Briefe übereinander auf den Tisch) Hier. Nun macht schon!
Manfred:	Der Gewinner darf nicht vergessen, sofort seinen Brief zu vernichten.
Roberto:	Darauf können sie Gif... können sie sich verlassen, mein Lieber! (sie knobeln; Manfred macht ›Schere‹, Roberto ›Stein‹; Manfred wird blaß, Lou zittert) (leise zu Lou) Von wegen »Maler«! (dann zu Roberto gewendet, gepreßt) Sie haben die Wahl! Wo sind die Gläser?
Lou:	(holt die Gläser vom Sideboard und stellt sie mit zitternden Händen auf den Tisch)
Manfred:	Präpariert?
Lou:	(nickt, mit Blick auf Manfred) Wie verabredet. (Manfred und Lou sehen gespannt auf Roberto, der hin und her schwankt, welches Glas er wählen soll; schon hat er das randlose Glas in der Hand; Manfred schließt die Augen und Lou greift sich ans Herz; da stellt er das Glas wieder hin und nimmt entschlossen das Goldrandglas, setzt es an und gießt den Inhalt mit einem Schluck hinunter; Manfred und Lou atmen auf. Roberto setzt zitternd das Glas auf den Tisch, bekommt einen starren Ausdruck, plötzlich röchelt er)
Roberto:	Ich brenne... ich... ster... sterbe... Hilfe! Hi... Hi... (er taumelt und stürzt unter Krämpfen zu Boden, zuckt, liegt still)
Lou:	So. Aus. Vorbei.

Manfred:	(ist in seinem Sessel zusammengesunken, trocknet sich mit dem Taschentuch den Schweiß von der Stirn) Nein, wie furchtbar! Wenn ich denke, daß ich jetzt so daliegen könnte.
Lou:	Reg dich nicht auf, mein Schatz! Es hat doch großartig geklappt.
Manfred:	(sich plötzlich ans Herz fassend) Mein Herz ... mein Herz!
Lou:	(erschrocken) Manfred! Das fehlte noch, daß du mir jetzt einen Herzinfarkt kriegst. (tritt mit dem Cognac-Schwenker zu ihm) komm, Liebling trink! Dieser Cognac wird dich bestimmt sofort beruhigen.
Manfred:	Ich glaube auch...den hab ich verdient.
Lou:	Mit einem Mord — oder?
Manfred:	Das ist morgen vergessen!
Lou:	(ihm das Glas in die Hand gebend) Bestimmt, mein Herzblatt.
Manfred:	(führt das Glas an den Mund, setzt es ab, steht auf, ihr zuprostend) Auf das Paradies, in das ich mit dir reisen will!
Manfred:	(nippt, faßt sich sofort an den Hals, läßt das Glas fallen, würgt, stürzt röchelnd zu Boden, liegt still)
Lou:	Gute Reise! Aber ohne mich. (zu dem liegenden Roberto gewendet) Du kannst aufstehen, Roberto! Der stört uns nicht mehr.
Roberto:	(rührt sich nicht)
Lou:	Roberto! Hörst du nicht?
Roberto:	(rührt sich nicht)

Lou:	(stürzt zu ihm, kniet neben ihm nieder) Um Himmels Willen! Was habe ich getan? Doch nicht in beide Gläser...?
Roberto:	(schlägt die Augen auf und umarmt sie lachend)
Lou:	Du Teufel! Wie kannst du mir so einen Schrecken einjagen!?
Beide:	(erheben sich; Roberto betrachtet den toten Manfred)
Roberto:	Dabei war dein Mann mir so sympathisch.
Lou:	Mir nur sein Geld! (löst sich von ihm) Und damit uns das nicht entgeht, heißt es jetzt, ganz schnell deinen Abschiedsbrief... (sie nimmt einen Brief vom Tisch, zerreißt ihn nervös) zu vernichten. Am besten... (sie hält das Papier über die brennenden Kerzen am Sideboard) verbrennen! (sie geht rasch mit dem aufflammenden Papier hinaus)
Roberto:	Wo willst du hin?
Lou:	(von draußen) Die Asche im WC runterspülen.
Roberto:	(geht zum Couchtisch und betrachtet den dort liegengebliebenen Brief) Was ist denn... (sein Mund öffnet sich, seine Augen treten fast aus den Höhlen)
Lou:	(noch halb draußen, zurückkommend) So, jetzt wäre jede Spur verwischt.
Roberto:	(vor Schreck stotternd) Da-da...da...
Lou:	(übernervös) Was denn nun noch?
Roberto:	(mit dem Finger auf den Brief zeigend) Da...das ist ja mei...meine...Ha...Handschrift! (Jetzt flüssig) Du hast Manfreds Abschiedsbrief verbrannt!
Lou:	(schreit) Nein! Das darf doch nicht wahr sein... (sie will zum Couchtisch stürzen, um sich zu überzeugen, da erstarrt sie

	mitten in der Bewegung, denn plötzlich fängt die ›Leiche‹ Manfred schallend zu lachen an; auch Roberto erstarrt)
Manfred:	(immer lachend, zieht sich mühsam in den Sessel und, immer von Lachen unterbrochen) Das darf wirklich nicht wahr sein! Das ist ja... ihr hättet euch selbst in der eigenen Schlinge gefangen, auch wenn ich nicht so schlau gewesen wäre, dein Arsen Lou, mit Zucker zu vertauschen. (mit raschem Griff zu Robertos Abschiedsbrief) Aber jetzt habe ich euch in der Hand! (Blackout)

Dieser Krimi gibt Ihnen auch die Möglichkeit, ihn modern zu inszenieren. Etwa so: Sie unterbrechen das Spiel bei dem Satz von Lou: »Mir nur sein Geld.« Blackout. Drei Sekunden später ertönt die Stimme des Spielbosses: »Licht! Licht!« Es wird hell und er tritt vor das Publikum und fragt: »Finden Sie den Schluß gut? Ich nicht. Wo bleibt da die Gerechtigkeit? Sollen diese Schlange Lou und ihr schurkischer Liebhaber und Komplize wirklich triumphieren?« Der Spielboß bittet das Publikum, einen gerechteren Schluß zu finden, den Sketch vom Auftritt Robertos an nochmals vorführen zu dürfen. Raffinierterweise kann jetzt die Darstellerin der Lou – im Hinblick auf den anderen Schluß – ihre Rolle etwas anders spielen, sozusagen mit doppeltem Boden. Sie können den Sketch sogar noch einmal unterbrechen, und zwar nach Robertos Satz: »Du hast Manfreds Abschiedsbrief verbrannt.« Zweites Blackout, dasselbe Spiel wie vorher. Der Spielboß fragt: »Gefällt Ihnen dieser Schluß besser? Oder doch noch nicht ganz? Bitte, können Sie haben!« Der Sketch wird jetzt wiederholt von der Stelle, an der Manfred über sein Herz klagt. Nach dem endgültigen Schluß kann der Spielboß vor das Publikum treten und eine Diskussion beginnen. Vielleicht fällt jemandem noch ein ganz anderer Schluß ein. Wer diesen Original-Sketch nach der Veröffentlichung in diesem Buch zum ersten Mal aufführt, kann eine echte Uraufführung für sich verbuchen.

Der dritte Mann

Personen: Einbrecher
Villenbesitzer

Requisiten: Große Tasche, Silberzeug oder andere wertvolle Gegenstände, Revolver, Telefon, Geräuschplatten.

Szene: Wohnzimmer einer alleinstehenden Villa
Die Szene ist dunkel. Man hört Scheiben klirren. Tapsende Schritte. Eine Taschenlampe blitzt auf, tastet den Raum ab.

Einbrecher: (schleicht durch das Zimmer, stößt an einen Stuhl, flüstert: Idiot!; er öffnet die Schranktür und holt Silberzeug oder andere Gegenstände heraus und packt sie in eine große Tasche; jedesmal, wenn es klirrt, sagt er zu sich: Psst!; plötzlich erscheint vorn der Hausbesitzer, einen Revolver in der Hand, und ruft)

Hausbesitzer: Hände hoch!

Einbrecher: (erschrickt und dreht sich um)

Hausbesitzer: (schaltet das Licht ein; es wird hell)

Einbrecher: (weinerlich) Nein, das kann auch nur mir passieren!

Hausbesitzer: Suchen Sie etwas Bestimmtes?

Einbrecher: Eigentlich Geld...

Hausbesitzer: Oh! Da helf ich ihnen suchen.

Einbrecher: (resignierend) Aber nun kann ich einpacken, indem ich wieder auspacke. (leert die Tasche und stellt die gestohlenen

	Gegenstände wieder zurück) Wieso sind sie überhaupt zu Hause? Donnerstag ist doch ihr Stammtisch, ihr Dreiertreffen im »Stolzen Hirsch«. Hab ich doch extra ausbaldowert.
Hausbesitzer:	Tut mir leid, ist heute leider ausgefallen. Freund Erich ist krank.
Einbrecher:	So ein Pech aber auch! Dachte, ich hätte einen Grand mit Vieren in der Hand – nun ist es nur ein Null ouvert.
Hausbesitzer:	(sieht auf einmal den Einbrecher strahlend an, geht zum Telefon, legt den Revolver daneben und hebt den Hörer ab)
Einbrecher:	Mann, müssen Sie die Bullen alarmieren? Können Sie mich nicht laufen lassen?
Hausbesitzer:	(spricht rasch, während er wählt) Kommt nicht in Frage! Sie bleiben.
Einbrecher:	Was haben Sie denn davon, wenn ich...
Hausbesitzer:	(winkt dem Einbrecher zu, still zu sein) Will nur meinem Nachbarn Bescheid sagen.
Einbrecher:	Ich steig heut bestimmt nirgendwo mehr ein.
Hausbesitzer:	(Geste wie eben) Albert? Ja, ich bin's ... kannst rüberkommen! Wir haben den dritten Mann zum Skat. (Blackout)

Kleiner Faschingsscherz

Personen: Alter Herr
Junges Mädchen

Requisiten: Kostüme nach Belieben

Szene: Ecke auf einem Maskenball. Hinter der Szene Musik, Lachen und Lärm; jedoch nicht zu laut, der Text darf unter der Geräuschkulisse nicht leiden. Ein älterer Herr mit Pappnase sitzt auf einem Sofa und will sich gerade eine Zigarre anzünden, da tänzelt eine junge, sehr attraktive Balletteuse, Zigeunerin etc. herein.

Mädchen: (spricht ein bißchen geziert, mit leicht verstellter Stimme) Jetzt wird nicht geraucht, jetzt wird getanzt. Na Opa, wie wär's mit uns zwei Hübschen?

Alter Herr: Nee, Kindchen, 'n alter Mann ist doch kein Tarzan.

Mädchen: Wen seh ich denn da? Du bist es!?

Alter Herr: Wie bitte?

Mädchen: (setzt sich ungeniert auf seinen Schoß, umarmt ihn und fängt heftig zu küssen an)

Alter Herr: (atemholend) Donnerwetter, du gehst aber ran!

Mädchen: Bei dir schadet das ja nichts.

Alter Herr: Wieso denn?

Mädchen: Wo wir doch alte Bekannte sind!

Alter Herr:	Wir kennen uns?
Mädchen:	Na hör mal – und wie gut wir uns kennen!
Alter Herr:	Da bist du falsch gewickelt, Kindchen.
Mädchen:	Bestimmt nicht.
Alter Herr:	Ich habe schon lange keine jungen Bekanntschaften mehr.
Mädchen:	So? Von mir aber bloß ein Kind.
Alter Herr:	Was hab ich?
Mädchen:	Einen Jungen. Dir wie aus dem Gesicht geschnitten. Bloß ohne die Nase!
Alter Herr:	(versucht vergeblich, sich von ihr zu befreien) Also, Fräulein, das geht zu weit. Das ist kein Faschingsulk mehr.
Mädchen:	Ist es ja auch nicht. Wo du mir wahr und wahrhaftig so einen strammen Jungen verpaßt hast!
Alter Herr:	Sie spinnen! Wenn ich ein Kind von Ihnen hätte, müßte ich doch davon eine Ahnung haben.
Mädchen:	(lachend) Hast du eine Ahnung, Alterchen!
Alter Herr:	(sich allmählich aufregend) Am Ende zahle ich sogar Alimente und weiß nichts davon?!
Mädchen:	Na ja, Geld hast du genügend herausrücken müssen.
Alter Herr:	Für Sie?
Mädchen:	Für mich.
Alter Herr:	(jetzt wieder beruhigt) Sehen Sie, mein liebes Fräulein, da irren Sie sich gewaltig. Ich glaube, Sie verwechseln mich. (für

sich) Moment mal, sollte ...hat vielleicht der Lausejunge...
(laut) Also Fräulein, von mir haben Sie bestimmt kein Kind.
Sie verwechseln mich vielleicht mit meinem Sohn.

Mädchen: (ihre Maske abnehmend) Von dem hab ich sogar zwei, (jetzt mit unverstellter Stimme, ihm um den Hals fallend) Schwiegerpapa!
(Blackout)

Die Hutschachtel

Dieser »Klassiker« unter den Sketchen, mit Koffer oder Kiste oft und oft gespielt, erhält eine neue Note durch die Besetzung mit einer Dame samt Hutschachtel und durch die neue Überpointe am Schluß.

Personen: 1. Fahrgast
2. Fahrgast (weiblich)
3. Fahrgast
Schaffner
3 Fahrgäste (stumm)

Requisiten: Eine Hutschachtel

Szene: Eisenbahnabteil vom Fenster aus betrachtet. Die zwei Bänke öffnen sich nach vorn anstatt parallel zu stehen. Alle Fahrgäste sollten durch gleichmäßiges Schuckeln die Fahrbewegung andeuten. An passenden Stellen kommt eine Kurve, die kongruent von allen ausgeschwungen wird. Ein Fahrgast lümmelt sich auf eine neben ihm auf dem Sitzplatz liegende Hutschachtel. Ihm gegenüber in einer Ecke sitzt ein weiblicher Fahrgast. Die anderen vier Plätze sind ebenfalls besetzt. Ein dritter Fahrgast betritt das Abteil.

3. Fahrgast: (freundlich zum 1. Fahrgast) Ach, nehmen Sie doch bitte die Hutschachtel weg.

1. Fahrgast: Wer?

3. Fahrgast: Sie.

1. Fahrgast: Ich?

3. Fahrgast: Ja, Sie. Ich bitte Sie, die Hutschachtel wegzunehmen.

1. Fahrgast: Warum?

3. Fahrgast:	Weil ich mich setzen will.
1. Fahrgast:	So? (rührt sich nicht)
3. Fahrgast:	(etwas schärfer) Bitte nehmen Sie die Schachtel weg.
1. Fahrgast:	Wer?
3. Fahrgast:	Sie!
1. Fahrgast:	Ich?
3. Fahrgast:	Ja, Sie!!
1. Fahrgast:	Ich denke gar nicht dran.
3. Fahrgast:	Nehmen Sie jetzt die Schachtel weg!
1. Fahrgast:	Fällt mir nicht im Traum ein.
3. Fahrgast:	Hören Sie, entweder Sie nehmen die Hutschachtel weg oder –
1. Fahrgast:	Na was oder?
3. Fahrgast:	Ich hole den Schaffner.
1. Fahrgast:	Von mir aus.
3. Fahrgast:	(eilt hinaus)
1. Fahrgast:	(grinst und lümmelt sich weiter auf die Hutschachtel)
3. Fahrgast:	(kommt mit dem Schaffner)
Schaffner:	Was ist hier los?
3. Fahrgast:	Der Herr weigert sich, die Hutschachtel vom Sitzplatz zu nehmen.

Schaffner:	Das wäre ja noch schöner! Mein Herr, Sie nehmen jetzt die Hutschachtel vom Platz, verstanden?
1. Fahrgast:	Wer?
Schaffner:	Sie!
1. Fahrgast:	Ich?
Schaffner:	Machen Sie keine Faxen, ich fordere Sie hiermit amtlich auf, die Hutschachtel wegzunehmen.
1. Fahrgast:	Wer?
Schaffner:	Sie!
1. Fahrgast:	Ich?
Schaffner:	Mann, Sie nehmen jetzt die Hutschachtel weg.
1. Fahrgast:	Nee. Tu ich nicht.
Schaffner:	Und warum nicht in Teufels Namen?
1. Fahrgast:	Weil die Hutschachtel mir gar nicht gehört.
Schaffner:	Na so was! Warum haben Sie denn das nicht gleich gesagt?
1. Fahrgast:	Warum sollte ich denn? Ihre Fragerei hat mir Spaß gemacht.
Schaffner:	Ja, wem gehört denn die verdammte Hutschachtel, zum Donnerwetter?
2. Fahrgast:	(auf der anderen Seite in der Ecke, es kann auch eine lustige, etwas rundliche Madame sein) Mir.
Schaffner:	Und warum nehmen Sie Ihre Schachtel nicht weg?

2. Fahrgast:	(sehr langsam und betont ruhig) Es hat mich ja bisher noch niemand dazu aufgefordert. (Blackout; Wichtig ist, daß die Dame, der die Schachtel gehört, weder schmunzelt, noch dem Dialog die geringste Beachtung schenkt, sondern möglichst ein gußeisernes Gesicht wie Buster Keaton macht, während die anderen drei stummen Fahrgäste den Vorfall mit Interesse verfolgen, je nach Temperament und mimischer Begabung)
Schaffner:	So? – Jetzt fordere ich Sie auf, diese Hutschachtel hier wegzunehmen!
2. Fahrgast:	Wenn Sie durchaus wollen... gerne! (sie springt wie von der Tarantel gestochen auf, ist mit einem Satz bei der Schachtel, wobei sie den Schaffner und den Gast ein wenig nach außen drängt, ergreift die Hutschachtel schnell und setzt sie mit einem Wuppdich auf den Platz gegenüber, auf dem sie bisher gesessen hat; dann schnellt sie sofort zu dem Platz, auf dem die Schachtel stand, und lümmelt sich breit hin. Schaffner und Gast sehen sich vor der Situation wie vorhin)
Schaffner:	So eine Schachtel! (Blackout)

Der Schluß kann auch »verrückt« ausgespielt werden:

Schaffner:	(brüllt) Verschwindet jetzt endlich die verdammte Hutschachtel oder nicht?
2. Fahrgast:	die Dame holt einen irrsinnig komischen Hut aus der Schachtel, setzt ihn sich auf und wirft die Schachtel zum Fenster hinaus)

Da der Sketch sich für eine Jugendgruppe besonders eignet, gibt es noch mehr Möglichkeiten. Es kann zu einer Rangelei um die Schachtel kommen, oder einer setzt sich drauf und sie wird platt. Oder... Lassen Sie Ihre Phantasie spielen. Mich würde es freuen, wenn Ihnen etwas Besseres einfällt als mir.

Striptease

An diese Scherznummer, die nach dem »Bolero« von Ravel getanzt wird, darf sich nur eine Dame mit musikalischem Gefühl wagen, denn sie wirkt nur, wenn sie »synchron« zur Musik abläuft.

Requisiten: Für die Darbietung muß die Dame, wenn sie vielleicht Größe 36/38 hat, sich Kleidung bis mindestens Größe 40 (42) ausleihen.

Szene: Die Tänzerin steht in der Mitte der Bühne und wird, wenn möglich, von farbig wechselnden Punktscheinwerfern angestrahlt. Es genügt aber auch der Strahl von zwei Klemmlampen mit starken Reflektorbirnen.

Darstellung: Bei Beginn der Musik steht die Tänzerin mit dem Rücken zum Publikum in einem (ihr viel zu weiten) Pelz. Im Takt der Musik dreht sie sich jeweils bei jeder Phase des »Bolero« einmal um sich selbst und legt ein Kleidungsstück nach dem anderen ab. Es sollten möglichst viele sein, beispielsweise unter dem Pelz ein zweiter Mantel, unter dem Mantel ein langes Kleid, darunter ein Minirock mit einer Bluse, die im Rücken einen Reißverschluß hat.
Ein Kleidungsstück mit einem Reißverschluß ist unbedingt notwendig, denn darauf beruht der Witz der Szene. Bisher lief alles normal; zu Beginn des Kampfes mit dem Reißverschluß beginnt die Komik, die sich – immer wieder im Takt der Musik – steigern muß.
Die Tänzerin versucht, im Rhythmus zu bleiben, dreht sich immer wieder um sich selbst, aber sie bekommt den Reißverschluß nicht auf, was zu wilden Bewegungen führt. Es muß so präzise probiert werden, daß es ihr genau beim drittletzten Takt des »Bolero« endlich gelingt.
Unter der Bluse mit dem Reißverschluß trägt sie nun aber noch einen Pullover, den sie jetzt rasch ausziehen will – da aber hat der Bolero seinen ekstatischen Höhepunkt erreicht.

Die Tänzerin bricht mit hochgezogenem Pulli über dem Kopf (darunter ein Hemd, Büstenhalter und Höschen) dem Sturzcharakter des letzten Taktes gemäß zusammen.

Ich gebe zu: Diese trockene Spielanweisung wirkt gelesen etwas banal. Es kommt hier ganz auf den Einfallsreichtum des Spielbosses und das Talent der Darstellerin an. Der »Bolero« von Ravel ist eine so mitreißende Musik, daß er förmlich zu zukkenden Bewegungen zwingt; außerdem ist die Musik von aufregender Sinnlichkeit. Wenn die Dame, wie eine Zwiebel, immer noch eine Schale unter der anderen hat und schließlich im Kampf mit dem Reißverschluß und dem Zwang der Rhythmen, zu den komischsten Körperverschlingungen kommt, die sie noch mimisch illustriert, indem sie sich immer wieder, zwischen Verzweiflungsgesten, zum obligaten Tänzerinnenlächeln zwingt, dann kann das schon eine umwerfend lustige Szene werden.

Die Rumsuppe

Personen: Rudi
Karlchen

Requisiten: Suppenterrine mit brauner Flüssigkeit, Löffel, Teller

Szene: Rudi und Karlchen sitzen sich gegenüber an einem Tisch, auf dem eine große Terrine steht, und schlürfen die letzten Löffel einer Suppe aus Tellern. Beide sind schwer betrunken und haben glasige Augen.

Rudi:	Noch was drin?
Karlchen:	Mal sehen.
Rudi:	(er erhebt sich mit Mühe und sieht tief, fast die Nase hineinsteckend, in die Terrine, hebt sie hoch und gießt den Rest der braunen Flüssigkeit in Rudis Teller)
Karlchen:	Da, Rudi. Der Rest für die Gottlosen.
Rudi:	(während er löffelt, leicht lallend) Prima Idee, Karlchen, mich zu einer Rumsuppe einzuladen. Was war denn da drin?
Karlchen:	Na, erstmal ne Buddel Rum, achtundvierzigprozentig, versteht sich. Dann eine halbe Flasche Arrak, eine halbe Flasche Armagnac, eine halbe Flasche Cognac, Gewürze – ach ja, auch noch eine halbe Flasche Gin.
Rudi:	(hat ausgelöffelt, starrt Karlchen an) So, das Essen war ja prima. Aber sag mal, gibt's denn bei dir garnischt zu trinken?

Sie können die beiden auch Tünnes und Schäl nennen und als Opening für einen Omnibus-Sketch mit den beiden Kölner Witzbolden nehmen (in Hamburg Hein und Fietje, in Kassel Ephesus und Kupolle usw.).

Der Hellseher

(Vexier-Sketch)

Personen: Frau Susi Stolz
Herr Weißnix

Requisiten: Kaffeegeschirr, zwei Päckchen verschiedener Größe, Briefe, Aktentasche, Formularpapier, Füllfederhalter

Szene: Wohnzimmer (siehe Zeichnung):
Der Blumenständer am Fenster (Mitte hinten) hat drei Topfpflanzen, in der zweiten Aufführung zwei. Das Sofa der Sitzgruppe rechts vorn bleibt bei allen Aufführungen gleich. Der Couchtisch wird in der zweiten Aufführung durch einen anders geformten Tisch ausgetauscht. Stuhl und Sessel werden für die zweite Aufführung miteinander getauscht. Die Standuhr links in der Ecke zeigt in der zweiten Aufführung eine andere Zeit als in der ersten.
Die Bühne ist leer. Von draußen Schlüsselgeräusch und Öffnen der Tür.

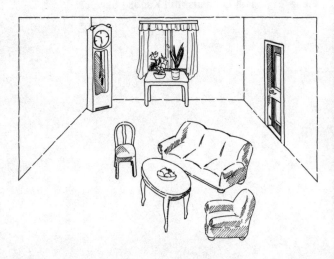

Susi:	(tritt auf, geht zum fertig gedeckten Kaffeetisch, nimmt die Haube von der Kanne; sie hat eine kräftige Stimme und spricht sehr laut. Sowas Dummes! Hab' ich den Kaffee fertig und nun kommt Friedel erst in einer Stunde. (es läutet) Ah, der Postbote... (sie geht hinaus; Man hört von draußen Herrn Weißnix)
Weißnix:	Guten Tag Frau Stolz! Mein Name ist Weißnix, ich komme vom Demoskopinstitut Kibitz. Würden Sie uns liebenswürdigerweise ein paar Fragen beantworten?
Susi:	Bitte kommen Sie doch herein! (während sie Herrn Weißnix hereinführt) Ja, ich habe etwas Zeit. Ich war mit einer Freundin verabredet, aber...
Weißnix:	Mit Friedel, ich weiß.
Susi:	Bitte?
Weißnix:	Ach, nichts...
Susi:	Nehmen Sie doch Platz, Herr Weißnix. Wie wär's mit einer Tasse Kaffee?
Weißnix:	(setzt sich, entnimmt seiner Aktentasche einen Fragebogen, legt ihn sich zurecht, zückt seinen Füllfederhalter) Ich möchte sie nicht lange aufhalten, Frau Stolz.
Susi:	(mit dem Milchgießer) Milch?
Weißnix:	Danke.
Susi:	Danke ja oder danke nein?
Weißnix:	Danke, ja.
Susi:	(gießt ihm Milch ein, nimmt die Zuckerdose) Zucker?
Weißnix:	Danke, ja. Zwei Stück, bitte. In der 2. Aufführung: Drei Stück.

Susi:	(gibt ihm die gewünschten Zuckerstücke in die Tasse, setzt sich und bedient nun sich selbst)
Weißnix:	Darf ich zur Sache kommen? Sollte Ihnen eine Frage peinlich sein, Frau Stolz, brauchen Sie sie natürlich nicht zu beantworten, aber das ist in diesem Fall (er lächelt geheimnisvoll) wohl illusorisch.
Susi:	(erstaunt) Bitte?
Weißnix:	(trinkt Kaffee) Wunderbar, der Kaffee, Frau Stolz. Mein Kompliment! Sie haben wirklich nicht übertrieben...
Susi:	Wie bitte? Wo...ich verstehe nicht...
Weißnix:	(beugt sich über sein Formular und schreibt) Also: Frau Susi Stolz...
Susi:	Woher wissen Sie meinen Vornamen?
Weißnix:	(reagiert nicht, ignoriert auch im folgenden ihre wachsende Verwunderung) ...wohnhaft... (Straßenname am Spielort), und zwar seit einem Monat. – Höhe der Miete?
Susi:	600...
Weißnix:	(ihr ins Wort fallend) ...37 Mark inklusive, drei Zimmer mit Küche, Bad und Balkon.
Susi:	Woher kennen sie denn unsere Wohnung, Herr Weißnix?
Weißnix:	Telefon? Nein, aber der Antrag ist gestellt und schon dreimal vergeblich angemahnt.
Susi:	(mit offenem Mund, ihren Besucher anstarrend)
Weißnix:	Verheiratet? Mit Adolf Stolz, Ingenieur. In der 2. Aufführung: Adolar! (es klingelt)

Susi:	(steht auf) Entschuldigung, es wird der Postbote sein. (sie geht hinaus)
Weißnix:	(füllt ungerührt sein Formular weiter aus, dabei murmelnd) Kinder? Keine, im vorigen Jahr eine Fehlgeburt. (den Fragebogen umblätternd) So, und nun Gewohnheiten. Trinkt lieber Kaffee als Tee…kein Alhohol…Nichtraucherin, seit vorgestern.
Susi:	(kommt mit der Post zurück, einige Kuverts und ein Päckchen, legt sie auf dem Fenstertischchen ab) Alles bloß Reklame! In der 2. Aufführung ein kleineres Päckchen als in der 1. Aufführung: »Oh, ein Brief von Addi!« (sie gibt dem Brief ein Küßchen und behält ihn in der Hand als sie sich wieder an den Tisch zu Weißnix setzt)
Susi:	Also, Herr Weißnix, ich muß mich wirklich wundern, wieso Sie…
Weißnix:	(sie unterbrechend) Entschuldigen Sie bitte, Frau Stolz, ich arbeite unter Termindruck und ich möchte rasch zum Ende kommen, wenn es Ihnen recht ist. Also jetzt ein paar hausfrauliche Fragen. Wo kaufen Sie ein?
Susi:	Ja, im allgemeinen bei…
Weißnix:	(schon wieder notierend) Im Einkaufszentrum (bekanntes Geschäft am Spielort) Welches Waschmittel bevorzugen Sie?
Susi:	Sie werden lachen, aber ich war von meiner Mutter her an …(bekanntes Waschmittel) gewöhnt, aber…
Weißnix:	(ihr wieder ins Wort fallend) …seit voriger Woche benutzen Sie … anderes Waschmittel) Urlaubspläne?
Susi:	Ich habe…

Weißnix:	(wie oben) ... für Juni in Mallorca gebucht, und zwar vom 3. bis 23. Rückflug über Paris. Verbringen Sie Ihren Urlaub mit Ihrer Familie?
Susi:	Diesmal leider nicht, mein Mann...
Weißnix:	(wie oben) Allein, da Gatte auf Montage in Afrika. In der 2. Aufführung: Ostasien! Einkommen? Gehalt des Gatten 3500 Mark brutto, seit 1. April Trennungszulage, 3250 Mark netto.
Susi:	(holt fassungslos Luft, dann) Also jetzt brauche ich eine Zigarette.
Weißnix:	(reicht ihr eine Zigarette und gibt ihr Feuer mit der linken Hand, während er mit der rechten weiterschreibt) Besondere Ausgaben? Neuanschaffung eines ... (Automarke einer Mittelklasse ... (andere Automarke) in Zahlung gegeben, mit 2000 Mark angerechnet.
Susi:	(am Rand der Hysterie) Herr Weißnix! Herr Weißnix! Sie heißen Herr Weißnix und wissen ja alles, Herr Weißnix!
Weißnix:	(ungerührt weiterschreibend) Sparguthaben? 9333 Mark und 75 Pfennige.
Susi:	Woher wissen Sie alles über mich, um Gottes Willen!? Sind Sie Hellseher?
Weißnix:	Nö. Aber ich stand vorher in der Nachbarkabine am Kiosk an der Ecke, als Sie mit Ihrer Freundin Friedel telefonierten. Und bei Ihrer Stimme, gnädige Frau... (Blackout)

Nein, diese Irren!

Dies ist eine Zusammenstellung einiger klassischer Irrenwitze in dramatisierter Version, die nach Wunsch und Laune erweitert werden kann. Auch die Reihenfolge ist nicht bindend. Alle meine Vorschläge sind prinzipiell keine Vorschriften.

Personen: Chefarzt Prof. Dr. Hatnichall
Ärztin (älter oder jünger)
Junge Journalistin
5 Patienten (möglichst kontrastierende Typen)

Requisiten: Schubkarren, WC-Bürste, Stift, Block, Brief

Szene: Die Bühne ist leer. Im Hintergrund kann ein Plafond oder eine Stellwand so bemalt sein, daß einem das Wort Irrenanstalt einfällt. Es genügt aber auch ein großes Schild »Sanatorium Hatnichall«.
Irrenarzt und Ärztin in weißen Kitteln. Die Patienten in Anstaltskleidung (gestreifte Schlafanzüge, graue Kittel oder auch närrische Phantasiekostüme). Keiner der Patienten darf einen total verblödeten Eindruck machen; aber jeder Mensch kann, wenn er will, ein dummes Gesicht ziehen. Es kommt auf die Individualität des Darstellers und die Einfälle des Spielbosses an, ob man das »Irresein« dezent andeutend oder grotesk ausspielen will. In jedem Fall muß die »Pfiffigkeit« des jeweiligen Patienten in der Mimik (Augenspiel!) erkennbar werden.

1. Patient: (kommt mit einem Schubkarren auf die Bühne, sieht sich um, dreht den Karren auf den Kopf, fährt so mit ihm einmal im Kreis herum)

Ärztin: (tritt auf, sieht dem Patienten kurz zu, schüttelt den Kopf, geht zu ihm, legt ihm die Hand auf die Schulter, lächelt ihn freundlich an, nimmt ihm behutsam den Schubkarren aus der Hand, dreht ihn um und fährt jetzt richtig damit um den

	Patienten herum, der sie mit komischen Blicken verfolgt; dann gibt sie dem Patienten den Schubkarren wieder in die Hände und sagt sehr nett zu ihm) Sehen Sie, so müssen Sie den Schubkarren fahren, dann können Sie ihn auch schön volladen.
1. Patient:	(sieht die Ärztin starr an)
Ärztin:	Und nun fahren Sie mal zum Gärtner und holen eine Fuhre! (geht, dem Patienten freundlich zuwinkend, ab)
1. Patient:	(sieht ihr nach, dreht dann den Karren wieder auf den Kopf und fährt ihn so nach der anderen Seite, von der er gekommen ist, von der Szene; dabei sagt er) Ich bin doch nicht verrückt! (Nach seinem Abgang und dem erhofften Lacher tritt von der anderen Seite ein 2. Patient auf, der an einem Bindfaden eine WC-Bürste hinter sich her zieht)
2. Patient:	(flüstert liebevoll wie zu einem Hündchen) Fiffi, komm! Fiffi, komm!
Ärztin:	(tritt auf, sieht dem Patienten kurz zu, schüttelt den Kopf) Was ziehen Sie denn da hinter sich her?
2. Patient:	Na, was wird's schon sein?
Ärztin:	Das möchte ich ja von Ihnen hören.
2. Patient:	Was bilden Sie sich denn ein, Frau Doktor...
Ärztin:	(will auffahren, doch der Patient fällt ihr schnell ins Wort)
2. Patient:	...was das sein soll?
Ärztin:	(tritt energisch vor und zeigt auf die WC-Bürste) Was ist das?
2. Patient:	Eine Klosettbürste, was denn sonst? Halten Sie's für einen

	Baumkuchen? (sich etwas aufregend) Das sieht ein Blinder, daß das eine Klosettbürste ist!
Ärztin:	Schon gut mein Lieber! Ich dachte nur, Sie wollten wieder Ihr Hündchen spazierenführen.
2. *Patient:*	Frau Doktor machen Witze!
Ärztin:	Aber warum ziehen Sie das Ding an einer Schnur hinter sich her?
2. *Patient:*	Ja, ich hab doch diese Woche WC-Reinigung, und weil ich so schrecklich vergesslich bin, – aber ich kann ihn auch...
Ärztin:	(schnell, da sie glaubt, ihn ertappt zu haben) Welchen *ihn?*
2. *Patient:*	(geistesgegenwärtig) Den Klosettbürsterich! (die WC-Bürste hochnehmend)...kann ihn auch hochnehmen.
Ärztin:	(droht dem Patienten lächelnd mit dem Finger) Sie müssen die Dinge richtig benennen. Es heißt nun einmal *die* Klosettbürste.
2. *Patient:*	So? Finden Sie, daß Klosettbürste etwas Weibliches ist. Frau Doktor?
Ärztin:	Unsinn! Aber...
2. *Patient:*	Sehen Sie, ein Bürsterich, der bürstet...aber eine Bürste, die läßt sich...
Ärztin:	(ihm schnell ins Wort fallend) Reden Sie keinen Blödsinn! Eine Klosettbürste ist eine Klosettbürste und die muß man auch so nennen! (etwas verärgert, rasch nach rechts ab)
2. *Patient:*	(ihr nachrufend) Mach ich, Frau Doktor... (stellt fest, daß die Ärztin weg ist; streichelt die Bürste, sagt zärtlich zu ihr) Nicht

wahr, Fiffi, die haben wir hereingelegt?! (setzt die Bürste wieder auf den Boden und zieht sie im Abgehen nach links hinter sich her) Komm, Fiffi, komm! (schon hinter der Bühne) Komm, Fiffi, komm!
(Unmittelbar nach seinem Abgang tritt von rechts Chefarzt Prof. Dr. Hatnichall mit einer Journalistin, die Stift und Block in den Händen hält, auf; Sie gehen nach vorn bis an die Rampe.)

Hatnichall: Und dann habe ich noch einen Fall von absoluter totaler Schizophrenie.

Journalistin: Wie soll ich das verstehen?

Professor: Persönlichkeitsspaltung! Ein Mensch bildet sich ein, zwei verschiedene Personen zu sein.

Journalistin: Was Schizophrenie ist, weiß ich schon. Aber wieso total?

Professor: Na, die bezahlen *alle beide!* (man hört hinter der Bühne Schreien, Johlen, Wasserplatschen, Klatschen, irre Schreie – vorher auf Band oder Kassette aufgenommen – über Lautsprecher)

Journalistin: Was ist denn da los?

Professor: (führt sie nach vorn und deutet ins Publikum) Das ist nur unsere Badeanstalt!

Journalistin: Na, die machen ja einen Spektakel! Springen wie verrückt vom Sprungbrett! Scheint ihnen mächtig Spaß zu machen!

Professor: Das ist noch gar nichts. Sie sollten erst mal kommen, wenn Wasser im Becken ist. (ein Patient im Badeanzug kommt, komisch hüpfend, rasch von hinten und will schnell am Professor und der Journalistin vorbei)

Journalistin: (hält den Patienten auf) Bitte, gehen Sie nicht! Springen Sie nicht! Es ist kein Wasser im Becken!

3. Patient:	(spricht in süßlich-naivem Ton – wer sich noch an Lieschen Bendow erinnert, möge ihn nachahmen) Gu-u-ut, ich kann nämlich nicht schwimmen! (Ganz rasch vorn ab) (Jetzt betritt von hinten der 4. Patient die Szene, der grauenerregend aussieht; ausnahmsweise darf bei ihm einmal große Maske gemacht werden; er schreitet langsam und gravitätisch nach vorn)
Professor:	(dreht sich um und sagt leise zur Journalistin) Mein schwerster Fall!
Journalistin:	So? Was hat er denn?
Professor:	Größenwahn in höchster Form. Bildet sich ein, er wäre Frankenstein.
Journalistin:	Ist denn das schlimmer, als wenn er sich für Alexander den Großen hält? Den haben Sie mir doch auch vorgeführt, und dann sah ich bei Ihnen einen Cäsar und einen Napoleon, ist das nicht klinisch der gleiche Fall?
Professor:	Nicht doch! Er bildet sich doch ein, er wäre Frankenstein!
Journalistin:	Na ja, aber...
Professor:	Stellen Sie sich vor: Frankenstein will er sein! Das ist doch unheilbarer Wahnsinn!
Journalistin:	Wieso denn?
Professor:	(mit entsprechender Grimasse) Frankenstein bin ich doch!
4. Patient:	(sich mit beiden Händen vor die Brust schlagend) Ich bin Frankenstein und saufe Blut wie Frankenstein! (macht plötzlich Miene, sich auf die Journalistin zu stürzen; der Professor ringt mit ihm, ruft)

Professor:	Wärter! (zur Journalistin gewandt) Sie sehen, ich muß ihn bändigen! (führt ihn ab) (Während die Journalistin jetzt rechts vorn an der Rampe steht und sich kurz Notizen macht, kommt der 5. Patient an sie herangeschlichen und flüstert)
5. Patient:	Bitte, entschuldigen Sie.
Journalistin:	(schrickt zusammen)
5. Patient:	(leise) Sie sehen nicht so aus, als ob Sie hier richtig wären.
Journalistin:	Nein, ich bin schon hier richtig, nur nicht richtig hier, ich meine, ich bin nur zur Besichtigung hier...das heißt, ich sollte nicht besichtigt werden, ich habe hier besichtigt und...
5. Patient:	(sehr normal) Das habe ich sofort gemerkt. Bitte, entschuldigen Sie nochmals, wenn ich Sie belästige, aber Sie sind meine letzte Hoffnung. Man hat mich hier eingesperrt, wegen einer Erbschaftstreitigkeit. Man will mich um mein Vermögen bringen. Aber ich bin vollkommen normal... ich bin völlig gesund.
Journalistin:	Ja, das hört man doch und sieht es Ihnen an.
5. Patient:	Sie glauben mir also? Trotzdem riegelt man mich von der Außenwelt ab, ich bin völlig verzweifelt.
Journalistin:	Sie Ärmster! Aber was kann ich für Sie tun?
5. Patient:	Sie können mich retten. Ich habe hier (einen Brief aus der Tasche ziehend) ein Schreiben an meinen Rechtsanwalt. Er wird mich herausholen. Bitte... wenn Sie... ich darf ja nicht... ihn für mich zur Post bringen würden?
Journalistin:	Aber ja, das tue ich natürlich gern.
5. Patient:	In den nächsten Briefkasten.

Journalistin:	In den nächsten Briefkasten.
5. Patient:	Tausend Dank, meine Dame! Sie sind meine Retterin! Darf ich Ihnen die Hand küssen? (küßt ihr die Hand und sieht ihr in die Augen) Oh, und Sie sind so schön! Wenn ich, durch ihre Mithilfe, befreit bin, darf ich mich erkenntlich zeigen? Ich darf Sie einladen, ja? In meine Villa? Ich werde Sie, wir werden uns... (er erblickt die jetzt auftretende Ärztin, erschrickt, legt schnell den Finger auf seinen Mund und wendet sich von der Journalistin ab)
Ärztin:	(zur Journalistin) Professor Hatnichall ist leider mit einem Tobsuchtsanfall beschäftigt und bat mich, Sie hinauszugeleiten.
Journalistin:	Vielen Dank. Ich habe jetzt auch genug Material für meinen Artikel.
Ärztin:	(zum Abgang nach hinten links zeigend) Darf ich bitten?
Journalistin:	(zögert einen Moment) Sagen Sie, Frau Doktor, der Herr hier...
5. Patient:	(sieht die Journalistin, ohne daß die Ärztin es merkt, beschwörend an und hält noch einmal den Finger vor den Mund)
Journalistin:	(nickt und murmelt) Ach, nichts. (in dem Augenblick, in dem die Journalistin abgehen will, schießt der 5. Patient in Windeseile quer über die Bühne auf sie zu und gibt ihr einen Tritt ins Gesäß, mit weichen Filzschuhsohlen natürlich und so geschickt abgestoppt, daß es in keinem Fall weh tut; hinter der Bühne steht der Inspizient bereit, um die Journalistin aufzufangen, denn es soll schon die Illusion eines echten Sturzes erweckt werden)
5. Patient:	(im Idiotenfall) Aba nich verjessen, du! (er springt in irrem Zickzack über die Bühne nach rechts ab. Gleichzeitig erscheint der 3. Patient in Badehosen mit dem Schubkarren, in

dem jetzt der 1. Patient sitzt, und fährt rasch über die Bühne; ihm folgt der 2. Patient mit der vorher schneeweißen WC-Bürste, die jetzt aber braun ist; damit man es bemerkt, führt er sie bis vorn an die Rampe, wo er stehen bleibt, sich zu ihr umwendet und kopfschüttelnd mit süffisantem Ton sagt)

2. Patient: Aber Fiffi! Th…th…th…th…
(Blackout)

Schwarze Milch

Personen:	Ältere Frau (Mutter) Junger Mann (Adi)
Requisiten:	Zwei Telefone
Szene:	Rechts und links auf der Bühne je ein Telefon. Vor dem einen die Mutter, vor dem anderen Adi.
Adi:	Mammi, bist du da?
Mutter:	Ja, ich bin hier.
Adi:	Du, Mammi, ich bin erst heute von See zurückgekommen. Inzwischen ist das Baby da.
Mutter:	Gratuliere, Adi! Aber warum hat dir das Elsi nicht gleich mitgeteilt?
Adi:	Wir hatten doch keinen Funk an Bord.
Mutter:	Und hat sie dir nicht geschrieben?
Adi:	Wir haben auch keine Post gekriegt.
Mutter:	Was ist es denn?
Adi:	Ein Junge.
Mutter:	Großartig! Und wie geht's Elsi?
Adi:	Prima!
Mutter:	Also alles in Ordnung?

Adi:	(zögernd) Ja ... ja ...
Mutter:	Oder ist doch was?
Adi:	Was?
Mutter:	Mit Elsi?
Adi:	Nein, die ist mopsfidel.
Mutter:	Und das Kind?
Adi:	Was?
Mutter:	Ob das Baby gesund ist?
Adi:	(wieder zögernd) Ja, gesund ist es ...
Mutter:	Aber?
Adi:	Schwarz.
Mutter:	Was?
Adi:	Ja, weißt du, Mammi, das hat mir Elsi erklärt. Sie hatte doch keine Milch, und da mußte eine Amme das Baby ernähren, und das war eben eine Schwarze, und das hat dann halt abgefärbt, Mammi.
Mutter:	So? Hat es abgefärbt?
Adi:	Ja, Mammi, aber das soll sich mit der Zeit geben, hat Elsi gesagt.
Mutter:	So, jetzt will ich dir mal was sagen. Mit dir ging es mir damals ganz genauso. Ich hatte auch keine Milch. Und da hab' ich dich an das Euter einer Kuh gelegt. Und darum bist du das größte Rindvieh geworden, das auf Erden herumläuft.

Kneipengespräche

(Omnibus-Sketch)

Wem es zu schwierig erscheint, einen Omnibus-Sketch, der ja einen gewissen logischen Zusammenhalt erfordert, zu basteln, der reihe einfach Witze aneinander, wobei die Serie von Blackout zu Blackout kürzer werden sollte, etwa so:

Personen: Angeber
Kellner
Junger Mann
2 weitere Gäste

Requisiten: Brieftasche, Portemonnaie, Blatt Papier, Biergläser oder -krüge

Szene: Beliebig ausgestattete Kneipe, die Gäste sitzen an einem Tisch.

1. Minisketch

Angeber: (erzählt) Unser Pott sank wie eine bleierne Ente. Mit letzter Kraft rettete ich mich auf eine Planke. Drei Tage schwamm ich, bis ich auf einem Riff landete.

2. Gast: Mutterseelenallein!

Angeber: Nö, waren noch zwei da.

3. Gast: So, wer denn?

Angeber: Der Steuermann von unserem Kahn . . .

2. Gast: Und?

Angeber: Ein volles Faß Rum.

3. Gast:	Und?
Angeber:	Der Steuermann war Antialkoholiker.
2. Gast:	Und?
Angeber:	Rum macht Hunger.
3. Gast:	Und?
Angeber:	Einer von uns beiden mußte dran glauben.
2. Gast:	Und?
Angeber:	Wie Sie sehen, lebe ich noch.
2. Gast:	Nicht zu glauben!
Angeber:	Leute, was könnte ich euch erzählen von meinen Fahrten durch alle sieben bis acht Weltmeere. Aber hat sich gelohnt! Bin jetzt ein gemachter Mann! Und wenn Sie wüßten, was ich noch in petto habe, meine Herren. Ihnen würden die Augen übergehen! Ganz groß komm' ich raus, vielleicht schon heute abend! Darum muß ich mich jetzt leider von Ihnen verabschieden. Habe eine Besprechung im Hotel . . . (bekanntes Hotel am Spielort einsetzen), mit einem großen Tier. Der will mir eine neue Expedition ausrüsten. Tja, Kellner, rufen Sie mir ein Taxi. (er zögert) Ach nein, ich ruf' lieber eins auf der Straße an, komm' ich schneller hin. Kommen ja dauernd welche vorbei. Ach so, zahlen, ja. (Kellner kommt, Angeber zieht großartig die Brieftasche; dabei fällt ihm ein Blatt Papier heraus und flattert zu Boden) Ach, einen Tausender werden Sie ja wohl nicht wechseln können. Moment, vielleicht habe ich noch Kleingeld. (er kramt sein Portemonnaie heraus und zählt mühselig die 2 Mark 20 in Groschen auf den Tisch. Dabei spricht er zu den anderen Gästen) Wenn ich Erfolg habe mit meiner Besprechung, schaue ich nochmal 'rein und gebe ganz groß einen aus – äh, aber ich muß Punkt Sechs da sein. Und Millionäre soll man nicht warten lassen. Tschüß,

	die Herren. (er geht hinaus; der Kellner entdeckt den zu Boden gefallenen Zettel, hebt ihn auf und sagt:
Kellner:	Das hat der Herr hier wohl eben verloren.
2. Gast:	Geben Sie her!
3. Gast:	Wir heben ihn auf, der Herr wollte nochmal wiederkommen. (beide betrachten das gefaltete Papier voller Neugierde)
2. Gast:	Ist ja kein verschlossener Brief.
3. Gast:	Na ja, vielleicht ist es was Wichtiges und –
2. Gast:	Sehen wir einfach nach. (sie schauen gemeinsam hinein und lesen abwechselnd)
2. und 3. Gast:	Bescheinigung. Der Gelegenheitsarbeiter Otto Dünnbier wurde am . . . (aktuelles Datum einsetzen) aus dem Zuchthaus . . . (bekanntes Zuchthaus in der Nähe des Spielortes einsetzen) entlassen. Er hat sich jeden Tag Punkt achtzehn Uhr auf dem Revier . . . (Revier in der Nähe des Spielortes) zu melden. – So ein Angeber! (Blackout)

2. Minisketch

Gast:	Darf ich Sie zu einem Glas Bier einladen, junger Mann?
Junger Mann:	Bitte sehr. Vielen Dank.
Gast:	Zwei Bier, bitte.
Junger Mann:	Was machen Sie denn für ein Gesicht?
Gast:	Ja, ich weiß nicht, ob ich weinen oder lachen soll.
Junger Mann:	Warum?

Gast:	Ja, das ist so. Mein bester Freund ist nämlich ganz plötzlich gestorben. Ein so guter Mensch! Erst vorige Woche hat er mir noch tausend Mark geliehen, ohne Quittung. Morgen wollt' ich sie ihm wiedergeben, aber da er gestern einem Herzinfarkt erlegen ist ...
Kellner:	(serviert) ... und niemand von dem Tausender etwas weiß ... verstehen Sie?
Junger Mann:	Schon. Wie hieß denn Ihr Freund?
Gast:	(hebt sein Glas) Anton Abel. Prost!
Junger Mann:	(steht auf, macht eine leichte Verbeugung) Gestatten: Bernd Abel, sein einziger Sohn und Erbe. Die tausend Mark können Sie gleich mir geben. Prost! (Blackout)

3. Minisketch

1. Gast:	Warum hast du eigentlich geheiratet?
2. Gast:	Weil mir das Herumsitzen in der Kneipe keinen Spaß mehr machte.
1. Gast:	Und jetzt?
2. Gast:	Jetzt macht's mir wieder Spaß.

Für die folgenden Themenvorschläge, die Sie entweder zu Omnibus-Sketchen verarbeiten oder zu einer Blackout-Serie erweitern können, kann ich aus Platzgründen nur jeweils ein Beispiel anbieten.

Vor Gericht

Personen: Richter
Angeklagter

Szene: Gerichtssaal mit Richtertisch und Angeklagtenbank. Der Angeklagte steht vor dem Richter (Robe!).

Richter: Sie haben den Kläger einen Ochsen genannt?

Angeklagter: Nein.

Richter: Es gibt aber einen Zeugen, der es gehört hat.

Angeklagter: Das ist schon möglich.

Richter: Warum leugnen Sie also, den Kläger einen Ochsen geheißen zu haben?

Angeklagter: Weil ich es nicht habe.

Richter: Was soll das heißen?

Angeklagter: Weil ich nur gesagt habe: Sie Ochs . . .

Richter: Na also!

Angeklagter: Sie Ochs . . .

Richter: Ob Sie nun du Ochse oder Sie Ochse gesagt haben, ist doch der gleiche Tatbestand.

Angeklagter: Ich habe gesagt: Sie Ochs . . .

Richter: Ein Geständnis genügt. Sie brauchen sich nicht dauernd zu wiederholen.

Angeklagter: Und Sie mich nicht dauernd zu unterbrechen, Herr Amtsgerichtsrat. Genau wie der Kläger mich nicht hat ausreden lassen. Ich habe nämlich nur sagen wollen: Sioux-Indianer sind ausgestorben.
(Blackout)

Beim Onkel Doktor

Personen: Arzt
Patient

Szene: Arztpraxis mit Schreibtisch und Stuhl, Arzt mit weißem Mantel.

Patient: Also, das versteh' ich nicht, wieso meine Frau ein rothaariges Kind bekommen hat. Weder sie noch ich sind rothaarig. Weder ihre noch meine Eltern, noch unser beider Großeltern, niemand in der Familie ist jemals rothaarig gewesen. Wieso also das Baby, Herr Doktor?

Arzt: Nun, die Gene machen manchmal seltsame Sprünge.

Patient: Seitensprünge, wie?

Arzt: Nein, Sie verstehen mich falsch. Aber sagen Sie einmal, mein Lieber – mir, als Arzt, dürfen Sie das ruhig anvertrauen: Wie oft üben Sie denn den ehelichen Beischlaf aus? Täglich?

Patient: Nein.

Arzt: Wöchentlich?

Patient: Nein.

Arzt: Monatlich?

Patient: Nein.

Arzt: Am Ende gar nur einmal im Jahr?

Patient: Ja.

Arzt: Na ja, dann ist die Sache doch einfach zu erklären. (sieht ihn eindringlich an) Der Rost, mein Lieber, der Rost!

Tischgespräche

Personen: Ehepaar (Kurt, Herta)
Onkel Otto

Requisiten: gedeckter Tisch

Szene: Kurt und Herta sitzen mit Onkel Otto beim Essen. Sie sehen zu, wie Onkel Otto mampft. Er ist so intensiv mit Essen beschäftigt, daß man merkt, er will sich durch nichts stören lassen.

Kurt: Onkel Otto, was macht eigentlich Vater Menzel?

Otto: Tot.

Kurt: Ach, das tut mir aber leid.

Herta: Und Mutter Menzel?

Otto: Tot.

Kurt: Was? Die auch? Und ihr Sohn Erich?

Otto: Tot.

Kurt: Da bleibt ja nur die Kleinste übrig. Wie heißt sie ja gleich?

Herta: Erika.

Otto: Tot.

Kurt: Und Erika! (entsetzt) – Die ganze Familie! Da war doch noch ein Neffe. Der Student Glaubesack. Was ist denn mit dem?

Otto: Tot.

Herta:	Das ist doch nicht möglich!
Otto:	(atmet auf, wischt sich mit der Serviette den Mund ab und erwacht gewissermaßen wieder zum Leben)
Herta:	Wie ist das denn bloß gekommen?
Kurt:	War wohl ein Verkehrsunfall?
Otto:	Was hast Du gesagt?
Kurt:	Dieses furchtbare Unglück mit der Familie Menzel.
Otto:	Was?
Herta:	Na ja, erst ist doch Vater Menzel gestorben.
Otto:	Wieso? Der lebt doch noch.
Kurt:	Und Mutter Menzel?
Otto:	Ist vorige Woche in Urlaub gefahren. Nach Mallorca.
Kurt:	Und ihr Sohn Erich?
Otto:	Ist jetzt auf dem Gymnasium.
Herta:	Und die kleine Schwester?
Otto:	Hatte die Masern. Aber weiter nicht schlimm.
Kurt:	Und Studiosus Glaubesack?
Otto:	Hat den Doktor gemacht.
Herta:	Aber Du sagtest doch, die seien alle tot.
Otto:	Ach, wenn ich esse, sind alle für mich gestorben.

Im Vorübergehen

(Omnibus-Sketch)

Für einen Omnibus-Sketch, der aus mehreren Straßenwitzen besteht, sind sechs Spieler, vier Herren und zwei Damen, empfehlenswert. Sobald das erste Paar seine Pointe abgeschlossen hat, erscheint schon das nächste, dann das dritte. Inzwischen sind die ersten wieder am Auftrittspunkt, bringen ihren zweiten Witz und so fort.
Zwischen den einzelnen Darbietungen erscheinen vor dem Vorhang von rechts und links je ein Spieler; sie treffen sich in der Mitte und halten ihren kurzen Dialog. Dann Licht aus und Vorhang auf für die nächste Darbietung.
Aus platzsparenden Gründen bringe ich nur drei Beispiele, die willkürlich aus der Kiste gegriffen sind. Es wird Ihnen ein leichtes sein, die Serie fortzusetzen, wobei Sie darauf achten sollten, daß die Pointen sich steigern und die Witze immer kürzer werden. Am Schluß sollte möglichst nur ein optischer Gag stehen. Nicht schlecht ist auch, wenn einer einem anderen einen Witz erzählen will, der andere ihm aber immer wieder entflieht, bis er erst beim fünften oder sechsten Auftritt endlich zum Schluß zu kommen scheint, der andere ihm aber die Pointe wegnimmt. Straßenwitze eignen sich übrigens auch gut als Füllnummern!
Technisch ist zu beachten: Wenn zwei Personen auf der Bühne lustwandeln, gehen sie niemals nebeneinander und geradeaus; vielmehr geht der kleinere etwas vor dem größeren und beide treten (wenn die Spielfläche etwa zwei Meter tief ist, von hinten auf und gehen schräg über die Bühne, so daß sie auf der anderen Seite vorn an der Rampe wieder abgehen.

Requisiten: Bauchladen, gefüllt mit Schächtelchen oder Fläschen, Portemonnaie, Packzeitungen

Szene: Die Szene stellt eine typische Großstadtstraße dar. Der Hintergrund ist am einfachsten ein Plafond, bei dessen Ausmalung Sie Ihrer Phantasie und Ihrem Humor freien Lauf lassen können.

1. Straßenwitz

1. Person: Mensch, Heinrich, lange nicht gesehen. Was machst Du denn jetzt?

2. Person: Hab' 'ne Kneipe aufgemacht.

1. Person: So. Wo denn?

2. Person: In der Bülbackstraße.

1. Person: Aber das ist doch eine total verlassene Gegend. Da stehen doch weit und breit bloß Abbruchbuden!

2. Person: Aber gegenüber steht ein großes Gebäude.

1. Person: Na und?

2. Person: Das ist immer voll besetzt.

1. Person: Na und?

2. Person: Das ist eine Trinkerheilanstalt.

1. Person: (macht ein dummes Gesicht)

2. Person: Was meinst Du, was die als geheilt Entlassenen für einen Durst haben!
(Blackout)

2. Straßenwitz

1. Person: Was, du hast geheiratet?

2. Person: Ja, vorige Woche.

1. Person: Und wie gefällt dir deine junge Frau?

2. Person:	Prima. Ganz große Klasse. Von der Sorte könnte ich ein Dutzend haben. (Blackout)

3. Straßenwitz

1. Person:	Kannst du mir nicht zehn Mark pumpen?
2. Person:	Oh, Mensch, ich habe zufällig gerade keinen Pfennig bei mir.
1. Person:	Und zu Hause?
2. Person:	Dankeschön, alles gesund und munter.

Zwischen den Spielern, die Herrenwitze erzählen, erscheinen jeweils Frau Meier und Frau Schulze (Namen beliebig), die gemeinsam zum Wochenmarkt gehen und dabei klönsnaken, tratschen, pritteln, quadern, schwatzen, zackermentern oder wie das so beliebte Dauergespräch zwischen zwei Nachbarn in den verschiedenen Gegenden heißt. Hier müssen keine Pointen platzen, hier kommt es auf das Atmosphärische an, den genau getroffenen Ton des Milieus – und darum sollten die Damen unbedingt Dialekt sprechen. Lediglich zur Anregung biete ich einen nicht ortsgebundenen Dialog, der für Sie keineswegs verpflichtend sein soll. In jedem Fall muß das Damengespräch so geprobt werden, daß eine Passage jeweils für einen Gang über die Bühne reicht und das letzte Wort beim Abgang, wenn auch keine tolle Pointe, so doch eine witzige Wendung ist.

Klatschbasen

Frau Schulze:	Aber was haben Sie denn, Frau Meier?
Frau Meier:	Na hören Sie mal, Frau Schulze, wo mir doch Frau Puperdolling erzählt hat, Sie hätten ihr erzählt, was ich Ihnen erzählt habe. Wo ich Ihnen doch gestern gesagt habe, Sie sollten ihr nicht erzählen, daß ich Ihnen erzählt habe, was ich ihr erzählt habe. Na schön, aber nun erzählen Sie ihr bloß nicht, ich hätte Ihnen erzählt, daß Sie mir erzählt hätten, ich hätte Ih-

nen erzählt, daß Sie ihr erzählt hätten, was ich Ihnen erzählt habe. Sonst erzähle ich ihr, ich hätte Ihnen erzählt . . .
(ab)

Frau Schulze: Über Frau Puperdolling erzähle ich Ihnen überhaupt nichts mehr. Kein Sterbenswörtchen! Höchstens, daß sie gestern statt Salz Petersilie in die Suppe geschüttet hat. Was meinen Sie, wie ihr Mann geschäumt hat!

Frau Meier: Geschieht dem Saufaus recht! Der Mann ist ja ein motorischer Trinker.

Frau Schulze: Ja, soll ich Ihnen was erzählen? Neulich erzählte mir Frau Puperdolling, also wörtlich hat sie mir das erzählt:»Wenn mein Otto von der Kneipe nach Hause kommt, dann weiß ich was *Vollottomatik* ist.«
(ab)

Frau Meier: Und von der Intimatmosphäre will ich gar nicht reden. Wo der Mann doch dauernd fremdgeht, der alte Okasanova!

Frau Schulze: Und wissen Sie, was er mir erzählt hat? Direkt ins Gesicht hat er mir das erzählt:»Was heißt schon Ehebruch? Die Ehe ist eh' Bruch. Alle Ehen sollten amtlich durch Amnestie aufgehoben werden«, hat er mir erzählt.

Frau Meier: Pfui! Das grenzt ja an blasse Phemie!

Frau Schulze: Und er soll sich ja sogar eine veanerische Krankheit zugezogen haben. Aber die wurde mit Penis-Zellin behandelt.

Frau Meier: Kein Wunder, wenn die Frau zu keinem Orgi-asmus mehr kommt.
(ab)

Frau Schulze: Aber das alles kommt bloß von der Umweltverschmutzung. Ich krieg auch schon meine Wäsche nicht mehr sauber.

Frau Meier: Ja, das kommt von der Zuvilisation!

Frau Schulze:	Aber bei den Puperdollings konnte 's ja nicht genug kosten! Nichts war ihnen zu teuer! Und dabei piept doch der Kukkuck hinter allen Möbeln bei denen. Sogar der Papagei ist verpfändet, und ihr vergoldetes Klo mußten sie auch versilbern.
Frau Meier:	Aber immer die Nase hoch und über andere hergezogen! Dabei ist die Person doch totalement ungebildet. Sagt die doch Drogehrie statt Droscherie. Ich sage Ihnen, Frau Schulze, das endet noch in einem Scha-os!
Frau Schulze:	Ja, Frau Meier, ich sag' ja auch immer: Fremdwörter sind Glückssache!

Eine belebende Unterbrechung erhalten Straßenwitze auch durch Straßenverkäufer. Hierfür wieder zwei Beispiele:

Straßenverkäufer

Straßenverkäufer:	(mit einem Bauchladen voll Schächtelchen) Die neue Patentmedizin! Das Wundermittel für ganze drei D-Mark! Hilft gegen Rheuma, Aufschlucken, Durchfall, Hautjucken, Haarausfall, Migräne und hartleibige Stuhlverstopfung. Alles für drei Mark!
Passant:	(bleibt im Vorübergehen interessiert stehen) Hilft das auch wirklich?
Straßenverkäufer:	Sie werden's überleben – äh, erleben!
Passant:	Na, dann geben Sie mal her!
Straßenverkäufer:	(übergibt ihm ein Kästchen und kassiert) Bitte sehr, drei Mark. Danke schön, der Herr.
Passant:	Nun sagen Sie mir aber mal wirklich, auf Ehre und Gewissen: Glauben Sie selber daran, daß dieses Mittel, das Sie mir für drei Mark verkaufen, gegen so viele Krankheiten hilft?

Straßenverkäufer:	Daß dieses Mittel, das ich Ihnen für drei Mark verkaufe, hilft, glaube ich zum Teil.
Passant:	Zu welchem Teil?
Straßenverkäufer:	Daß ich es Ihnen für drei Mark verkaufe! (da hier kein Blackout möglich ist, nimmt der Straßenverkäufer rasch Reißaus)

(zweite Unterbrechung durch einen Zeitungsmann)

Zeitungsmann:	(mit einem Pack Zeitungen, ausrufend) Die neuesten Nachrichten! Sonderausgabe für dreißig Pfennig! Sonderausgabe! Die neuesten Nachrichten! Für dreißig Pfennig!
Passant:	(kauft stumm ein Blatt, wendet sich, entfaltet die Zeitung, sieht hinein, stutzt, dreht sich um und kommt zum Zeitungsmann zurück) Na, hören Sie mal, Sie haben mir ja dreißig Pfennig abgenommen!
Zeitungsmann:	Und?
Passant:	Hier oben steht doch gedruckt: zwanzig Pfennig.
Zeitungsmann:	Aber lieber Herr, Sie dürfen doch nicht alles glauben, was in der Zeitung steht! (Spiel wie oben)

Ein Mercedes für eine Mark

(Kleiner Rätselsketch)

Personen: Frau Tausendschön, Witwe
Dr. Blaß, Notar
Kurt Werner, junger Tankstellenbesitzer

Requisiten: Vertragsformular, Autopapiere, Quittung, Schreibzeug, eine Deutsche Mark, Bandgerät oder Rekorder.

Szene: Wohnzimmer (Einrichtung nach Belieben; hinter der Szene hört man das Geräusch eines heranfahrenden Wagens, Motorabstellen, Türklappen. Auf der Bühne sitzt Frau Tausendschön in einem Sessel und lächelt hintergründig. Am Tisch sitzt Notar Dr. Blaß.

Dr. Blaß: Ich bin mal neugierig, ob der junge Mann spitzkriegt, weswegen Sie, liebe Frau Tausendschön, den Mercedes derart ver . . .

Frau Tausendschön: Pst! Er kommt.

Kurt Werner: (tritt auf und weiß nicht, was er sagen soll)

Tausendschön: Na, Herr Werner, wie finden Sie meinen Mercedes?

Werner: Ein Superschlitten, Frau Tausendschön, Tadellos in Schuß, in bin platt, ich bin einfach platt.

Tausendschön: Waren Sie mit der Probefahrt zufrieden?

Werner: Fährt wie 'ne Eins, ganz große Klasse. Erst 3000 drauf, geradezu fabrikneu. Frage nur: Was soll er nun wirklich kosten?

Dr. Blaß: Bitte nehmen Sie doch Platz, Herr Werner.

Werner: (setzt sich)

Tausendschön:	(behält ihr hintergründiges Lächeln bei)
Werner:	Also, als ich Ihre Annonce las: neuer Mercedes für eine D-Mark zu verkaufen, da konnte ich natürlich bloß kichern. Aber nun, wo ich den Wagen gesehen und gefahren habe, frage ich mich: Was steckt hinter der Geschichte?
Dr. Blaß:	(sachlich, ohne auf die Frage einzugehen) Herr Kurt Werner, Sie wollen also den Mercedes (Nummer . . .) zugelassen auf (. . .) käuflich erwerben?
Werner:	Fragt sich, zu welchem Preis?
Dr. Blaß:	Der Preis steht unerschütterlich fest: eine Deutsche Mark.
Werner:	Nun lassen Sie mal den Blödsinn! Der Wagen ist doch das Zigtausendfache wert. Also, ich will ihn ja kaufen und den Preis nicht hochtreiben, aber – unter Brüdern, für fünftausend wäre er immer noch geradezu geschenkt!
Tausendschön:	Ich kann Ihnen leider den Wagen nicht anders verkaufen als für eine Mark.
Dr. Blaß:	Hier ist der Vertrag, hier die Wagenpapiere, bitte . . . (reicht Werner die Papiere)
Werner:	(völlig verdutzt, liest und schüttelt den Kopf)
Dr. Blaß:	(drückt Werner einen Füllfederhalter in die Hand) Wollen Sie unterschreiben?
Werner:	Äh – (tut es automatisch)
Dr. Blaß:	Darf ich Sie jetzt bitten, Frau Tausendschön?
Tausendschön:	(steht auf, geht zum Tisch, unterschreibt)
Dr. Blaß:	Und nun den Kaufpreis, bitte.

Werner:	(holt ein Portemonnaie heraus, entnimmt ihm eine Mark und legt sie auf den Tisch)
Tausendschön:	(steckt die Mark ein, geht zu ihrem Platz zurück und lächelt, während sie sich setzt, weiter)
Werner:	(immer noch fassungslos) Und jetzt gehört der Mercedes mir?
Tausendschön und Dr. Blaß:	Gehört Ihnen!
Werner:	Und da ist kein Trick bei?
Tausendschön und Dr. Blaß:	(schütteln die Köpfe)
Werner:	Kein Pferdefuß?
Tausendschön und Dr. Blaß:	(schütteln die Köpfe)
Werner:	Aber irgendetwas kann doch an der Sache nicht stimmen!
Tausendschön:	(erhebt sich) Für mich stimmt es. Ich danke Ihnen, Herr Werner, daß Sie mir den Wagen für eine Mark abgenommen haben. (gibt ihm die Hand) Ich kann Ihnen gar nicht sagen, wie befriedigt ich über diesen Verkauf bin. Leben Sie wohl, Herr Werner. (im Hinausgehen) Es war mir eine wahre Wonne! (ab)
Werner:	Ist die Alte plemmplemm?
Dr. Blaß:	Im Gegenteil! Frau Tausendschön wußte ganz genau, was sie tat.
Werner:	Aber wieso denn?
Dr. Blaß:	Dreimal dürfen Sie raten! (Blackout)

Spielboß: (vor dem Vorhang) Und Sie, meine Damen und Herren, auch. Warum hat Frau Tausendschön einen fast neuen Mercedes für buchstäblich eine Mark verkauft?
(Bei den folgenden Antworten aus dem Publikum sagt der Spielboß jeweils, wie üblich »kalt« oder »warm«. Die Dauer des Ratens richtet sich nach der Stimmung des Publikums, sollte aber in keinem Fall drei Minuten überschreiten. Zur Anregung darf der Spielboß kleine Hinweise geben, etwa: »Der verstorbene Herr Tausendschön war Direktor einer Gummifabrik. Und er war nicht mehr der Jüngste. Und ältere Direktoren . . . ich meine, so ein großer Direktor hat ja viele Angestellte unter sich . . . manchmal auch nur eine . . . na?«
Er geht rasch ab, Licht auf der Bühne)

Dr. Blaß: Im Testament des Herrn Direktor Tausendschön lautet der Paragraph 13: Meiner Sekretärin Renate vermache ich meinen neuen Mercedes – *oder den Verkaufspreis desselben.*

Werner: Ach so, Ja, dann . . .
(Blackout)

Der Sketch läßt sich auf einer Party auch leicht aus dem Stehgreif spielen, indem man eine Zimmerecke als Spielort herrichtet und die Story mit eigenem Text improvisiert. Es kommt ja nur darauf an, das Publikum so zu informieren, daß es von der Rätselfrage zum Nachdenken oder Raten angeregt wird.

Scheidungsgründe

Personen: Anwalt
Klient Piepenbrink
Klientin Nettelböhm

Szene: Büro

Spielboß: (vor dem Vorhang) Meine Damen und Herren, das neue Eherecht ist so verzwickt, daß sich oft die Richter selbst nicht auskennen, und so wenig erheiternd, daß es für einen Sketch, der Sie amüsieren soll, überhaupt nicht in Frage kommt. Immerhin wollen wir Ihnen vorführen, welchen Vorteil das neue Ehegesetz hat – nämlich, daß es keinen Scheidungsgrund mehr gibt. Vielleicht sagen manche auch: Schade! Wir jedenfalls wollen Ihnen jetzt zwei Scheidungsgründe vorführen aus der guten alten Zeit, als man noch nicht ohne triftigen Anlaß von seinem Ehepartner loskommen konnte. Viel Vergnügen. (dieser allgemeine Text ist lediglich ein Vorschlag, besser ist ein interner, der sich stärker auf das Publikum bezieht)

1. Minisketch

Anwalt: So, Sie wollen sich also scheiden lassen, Herr Piepenbrink? Warum?

Piepenbrink: Weil ich verheiratet bin.

Anwalt: Was Sie nicht sagen. Wie lange sind Sie verheiratet?

Piepenbrink: Tja, also an die dreizehn Jahre.

Anwalt: Und was haben Sie gegen Ihre Frau vorzubringen?

Piepenbrink: Ja, wenn Sie die Wut kriegt, wirft sie nach mir mit allem, was sie grad in der Hand hat.

Anwalt: Und wann hat Ihre Frau damit angefangen?

Piepenbrink: Mit dem Schmeißen?

Anwalt: Ja, wann hat sie den ersten Gegenstand nach Ihnen geworfen?

Piepenbrink: Das war kein Gegenstand, das war ein Eimer, mit nassem Lappen drin und schmutziger Wäsche. Sie war grad beim Flurwischen und ich ganz harmlos —

Anwalt: (unterbricht) Ja, ja, aber wann war denn das, Herr Piepenbrink?

Piepenbrink: Na ja, also das war ... Gründonnerstag hatte ich ihr einen neuen Hut gekauft, Ostern, das war damals Anfang April, haben wir geheiratet. Das muß also kurz vor Pfingsten gewesen sein.

Anwalt: Wie denn? Vor dreizehn Jahren hat Ihre Frau damit angefangen? Mann, warum haben Sie dann bis heute gewartet?

Piepenbrink: Gestern hat sie zum ersten Mal getroffen.
(Blackout)

2. Minisketch

Anwalt: Ja, Frau Nettelböhm, wenn Sie sich scheiden lassen wollen, müssen Sie doch einen Grund haben.

Frau Nettelböhm: Ich kann den Kerl nicht mehr leiden.

Anwalt: Das genügt leider nicht. Wir brauchen einen triftigen Scheidungsgrund. Gibt er Ihnen denn nicht genügend Wirtschaftsgeld?

Nettelböhm:	Och, darüber kann ich nicht klagen.
Anwalt:	Schlägt er Sie?
Nettelböhm:	Das sollte er mal wagen, der Knirps!
Anwalt:	Haben Sie Kinder, Frau Nettelböhm?
Nettelböhm:	Ja, fünf. Den Otto, die Liese, den Karl, und die Lotte.
Anwalt:	Das sind doch nur vier.
Nettelböhm:	Sag ich doch. Den Otto, die Liese, den Karl und die Lotte.
Anwalt:	Aber das fünfte!
Nettelböhm:	Na ja, den Otto, die Liese, den Karl und die Lotte . . . ah ja, die Elke, die liegt seit drei Wochen im Krankenhaus. Muß ich mal wieder besuchen.
Anwalt:	Kümmert sich Ihr Mann nicht genug um die Kinder?
Nettelböhm:	Nein, kümmern tat der sich nicht. Aber freuen tut der sich! Mit denen spielt er in jeder freien Minute, mit den Rangen. Wie ein richtiger Vater ist der zu denen.
Anwalt:	Und die ehelichen Pflichten?
Nettelböhm:	Übt er pünktlich aus. So wie es schon bei Luthern in der Bibel steht: In der Woche . . .
Anwalt:	Schon gut. Aber Sie müssen etwas Schwerwiegendes vorbringen gegen Ihren Mann. Haben Sie da nichts, womit wir ihn fassen können?
Nettelböhm:	(denkt eine Weile nach, dann kommt ihr eine Erleuchtung) Ja, die Jungens sind nicht von ihm! (Blackout)

Da aller guten Dinge drei sind, schreiben Sie für den Abschluß am besten einen dritten Minisketch, der genau auf Ihr Publikum zugeschnitten ist.

Gesamt-Programm

Frühjahr 1982

Hobby

Hobby Porträtzeichnen (0603) Von Rita Jovy, ca. 96 S., ca. 20 Farbfotos, 100 Zeichnungen, kartoniert.	ca.* DM/Fr **16.80** S 134,-
Aquarellmalerei leicht gemacht. (5099) Von Thomas Hinz, 64 S., 79 Farbfotos, Pappband.	DM/Fr **11.80** S 94,-
Naive Malerei leicht gemacht. (5083) Von Felizitas Krettek, 64 S., 76 Farbfotos, Pappband.	DM/Fr **11.80** S 94,-
Ölmalerei leicht gemacht. (5073) Von Heiner Karsten, 64 S., 62 Farbfotos, Pappband.	DM/Fr **12.80** S 98,-
Zeichnen Sie mal – malen Sie mal (5095) Von Ferry Ahrlé und Volker Kühn, 112 S., 16 Farbtafeln, viele Zeichnungen, kartoniert.	DM/Fr **14.80** S 118,-
Bauernmalerei als Kunst und Hobby. (4057) Von Arbo Gast und Hannie Stegmüller, 128 S., 239 Farbfotos, 26 Riß-Zeichnungen, gebunden.	DM/Fr **36,-** S 288,-
Hobby-Bauernmalerei (0436) Von Senta Ramos und Mo Roszak, 80 S., 116 Farbfotos und 28 Motivvorlagen, kartoniert.	DM/Fr **19.80** S 158,-
Bauernmalerei – leicht gemacht. (5039) Von Senta Ramos, 64 S., 78 Farbfotos, Pappband.	DM/Fr **11.80** S 94,-
Glasmalerei als Kunst und Hobby. (4088) Von Felizitas Krettek und Suzanne Beeh-Lustenberger, 132 S., mit 182 Farbfotos, 38 Motivvorlagen, gebunden.	DM/Fr **36,-** S 288,-
Transparente Glasmalerei leicht gemacht. (5064) Von Felizitas Krettek, 64 S., 62 Farbfotos, Pappband.	DM/Fr **12.80** S 98,-
Glasritzen – ein neues Hobby. (5109) Von Gerlind Mégroz, 64 S., 110 Farbfotos, 15 Zeichnungen, Pappband.	DM/Fr **14.80** S 118,-
Brandmalerei leicht gemacht. (5106) Von Klaus Reinhardt, 64 S., 68 Farbfotos, 23 Zeichnungen, Pappband.	DM/Fr **11.80** S 94,-
Töpfern als Kunst und Hobby. (4073) Von Johann Fricke, 132 S., 37 Farbfotos, 222 s/w-Fotos, gebunden.	DM/Fr **29.80** S 238,-
Arbeiten mit Ton (5048) Von Johann Fricke, 128 S., 15 Farbtafeln, 166 s/w-Fotos, kartoniert.	DM/Fr **14.80** S 118,-
Keramik kreativ gestalten (5072) Von Ewald Stark, 64 S., 117 Farbfotos, 2 Zeichnungen, Pappband.	DM/Fr **11.80** S 94,-
Fotografie – Das schöne als Ziel Zur Ästhetik und Psychologie der visuellen Wahrnehmung. (4122) Von Ewald Stark, 208 S., ca. 230 Farbfotos, 60 Zeichnungen, Ganzleinen, mit vierfarbigem Schutzumschlag. Voraussichtl. Erscheinungstermin: April 1982.	ca.* DM/Fr **78,-** S 624,-
So macht man bessere Fotos Das meistverkaufte Fotobuch der Welt. (0614) Von Martin L. Taylor, 192 S., über 450 Farbfotos, kartoniert. Voraussichtl. Erscheinungstermin: April 1982.	ca.* DM/Fr **14.80** S 118,-
Schöne Sachen Selbermachen 88 Ideen zum Modellieren und Verschenken. (5117) Von Evelyn Guder-Thelen, 64 S., 73 Farbfotos, Pappband.	DM/Fr **11.80** S 94,-
Modellieren mit selbsthärtendem Material. (5085) Von Klaus Reinhardt, 64 S., 93 Farbfotos, Pappband.	DM/Fr **11.80** S 94,-
Hobby Seidenmalerei (0611) Von Renate Henge, 96 S., ca. 100 Farbfotos, Mustervorlagen, kartoniert.	DM/Fr **19.80** S 158,-
Hobby Holzschnitzen Von der Astholzfigur zur Vollplastik. (5101) Von Heinz-D. Wilden, 112 S., 16 Farbtafeln, 135 s/w-Fotos, kartoniert.	DM/Fr **14.80** S 118,-
Holzspielzeug selbst gebaut und bemalt. (5104) Von Mathias Kern, 64 S., 103 Farbfotos, 9 Zeichnungen, Pappband.	DM/Fr **12.80** S 98,-
Marionetten entwerfen · gestalten · führen. (5118) Von Axel Krause und Alfred Bayer, 64 S., 83 Farbfotos, 2 s/w-Fotos, 40 Zeichnungen, Pappband.	DM/Fr **14.80** S 118,-
Papiermachen ein neues Hobby. (5105) Von Ralf Weidenmüller, 64 S., 84 Farbfotos, 9 s/w-Fotos, 14 Zeichnungen, Pappband.	DM/Fr **14.80** S 118,-
Origami – die Kunst des Papierfaltens. (0280) Von Robert Harbin, 160 S., über 600 Zeichnungen, kartoniert.	DM/Fr **9.80** S 78,-
Papier-Basteleien (0406) Von Lena Nessle, 96 S., 84 Fotos, 70 Zeichnungen, teils zweifarbig, kartoniert.	DM/Fr **6.80** S 55,-
Phantasieblumen aus Strumpfgewebe, Tauchlack, Papier, Federn. (5091) Von Ruth Scholz-Peters, 64 S., 70 Farbfotos, Pappband.	DM/Fr **12.80** S 98,-
Neues farbiges Bastelbuch (4084) Von Friederike Baresel-Anderle, 248 S., 292 Farbtafeln, 123 Zeichnungen, Pappband.	DM/Fr **19.80** S 158,-
Kerzen und Wachsbilder gießen · modellieren · bemalen. (5108) Von Christa Riess, 64 S., 110 Farbfotos, Pappband.	DM/Fr **11.80** S 94,-
Zinngießen leicht gemacht. (5076) Von Käthi Knauth, 64 S., 85 Farbfotos, Pappband.	DM/Fr **12.80** S 98,-
Das Herbarium Pflanzen sammeln, bestimmen und pressen. Gestalten mit Blüten, Blättern und Gräsern. (5113) Von Ingrid Gabriel, 96 S., 140 Farbtafeln, 6 farbige Zeichnungen, Pappband.	DM/Fr **16.80** S 134,-
Trockenblumen und Gewürzsträuße (5084) Von Gabriele Vocke, 64 S., 63 Farbfotos, Pappband.	DM/Fr **12.80** S 98,-
Flechten mit Bast, Stroh und Peddigrohr. (5098) Von Hanne Hangleiter, 64 S., 47 Farbfotos, 76 Zeichnungen, Pappband.	DM/Fr **12.80** S 98,-
Schmuck und Objekte aus Metall und Email (5078) Von Johann Fricke, 120 S., 183 Abbildungen, kartoniert.	DM/Fr **16.80** S 134,-
Makramee als Kunst und Hobby. (4085) Von Eva Andersen, 128 S., 114 Farbfotos, 157 s/w-Fotos, gebunden.	DM/Fr **34,-** S 272,-
Makramee Knüpfarbeiten leicht gemacht. (5075) Von Birte Pröttel, 64 S., 95 Farbfotos, Pappband.	DM/Fr **11.80** S 94,-
Häkeln und Makramee Techniken – Geräte – Arbeitsmuster. (0320) Von Dr. Marianne Stradal, 104 S., 191 Abbildungen und Schemata, kartoniert.	DM/Fr **6.80** S 55,-

FALKEN VERLAG

Postfach 1120 · D-6272 Niedernhausen/Ts. · Tel. 06127/3011-15 · Telex 04-186585 fves d

Strick mit! Ein Kurs für Anfänger. (5094) Von Birte Pröttel, 120 S., 72 Farbfotos, 188 s/w-Abbildungen, kartoniert. — DM/Fr 14.80 / S 118,-

Restaurieren von Möbeln Stilkunde, Materialien, Techniken, Arbeitsanleitungen. (4120) Von Ellinor Schnaus-Lorey, ca. 136 S., ca. 400 Zeichnungen, s/w- und Farbfotos, gebunden, mit vierfarbigem Schutzumschlag. Voraussichtl. Erscheinungstermin: April 1982. — ca.* DM/Fr 34,- / S 272,-

Stoff- und Kuscheltiere stricken, häkeln, nähen. (5090) Von Birte Pröttel, 64 S., 50 Farbfotos, Pappband. — DM/Fr 11.80 / S 94,-

Formen mit Backton trocknen · backen · bemalen · Neu: Töpfern ohne Brennofen. (0612) Von Angelika Köhler, 32 S., ca. 50 Farbfotos, Spiralbindung. — DM/Fr 6.80 / S 55,-

Gestalten mit Salzteig Formen · Bemalen · Lackieren. (0613) Von Wolf-Ulrich Cropp, 32 S., ca. 50 Farbfotos. — DM/Fr 6.80 / S 55,-

Leder schneiden · prägen · besticken. (5125) Von Karl-Heinz Bühler, 64 S., ca. 90 Farbfotos und Zeichnungen, Pappband. — DM/Fr 14.80 / S 118,-

Textiles Gestalten Spinnen · Weben · Stoffdruck · Batik · Makramee · Sticken. (5123) Von Johann Fricke, ca. 128 S., ca. 180 Farb- und s/w-Fotos, kartoniert. Voraussichtl. I. Halbjahr 1982. — ca.* DM/Fr 16.80 / S 134,-

Hobby Stoffdruck und Stoffmalerei (0555) Von Anneliese Ursin, 80 S., 68 Farbfotos, 68 Zeichnungen, kartoniert. — DM/Fr 19.80 / S 158,-

Stoffmalereien und Stoffdruck leicht gemacht. (5074) Von Heide Gehring, 64 S., 110 Farbfotos, Pappband. — DM/Fr 12.80 / S 98,-

Batik leicht gemacht. (5112) Von Arbo Gast, 64 S., 105 Farbfotos, Pappband. — DM/Fr 12.80 / S 98,-

Zugeschaut und mitgebaut Band 1 Helmut Scheuer im Hobby-Keller. (5031) Von Helmut Scheuer, 96 S., 218 Farb- und s/w-Fotos, kartoniert. — DM/Fr 14.80 / S 118,-

Zugeschaut und mitgebaut Band 2 Helmut Scheuer im Hobby-Keller. (5061) Von Helmut Scheuer, 120 S., 277 Farb- und s/w-Fotos, kartoniert. — DM/Fr 14.80 / S 118,-

Zugeschaut und mitgebaut Band 3 Helmut Scheuer im Hobby-Keller. (5077) Von Helmut Scheuer, 120 S., 291 Farb- und s/w-Fotos, kartoniert. — DM/Fr 14.80 / S 118,-

Zugeschaut und mitgebaut Band 4 Helmut Scheuer im Hobby-Keller. (5093) Von Helmut Scheuer, 120 S., 122 Farbfotos, 113 s/w-Abbildungen, kartoniert. — DM/Fr 14.80 / S 118,-

Falken-Handbuch Heimwerken Reparieren und selbermachen in Haus und Wohnung – über 1100 Farbfotos. Sonderteil: Praktisches Energiesparen. (4117) Von Thomas Pochert, 440 S., ca. 1103 Farbfotos, 100 ein- und zweifarbige Abbildungen, gebunden. — DM/Fr 49,- / S 392,-

Möbel aufarbeiten, reparieren, pflegen (0386) Von Ellinor Schnaus-Lorey, 96 S., 104 Fotos und Zeichnungen, kartoniert. — DM/Fr 6.80 / S 55,-

Mineralien und Steine erkennen und benennen. Farben · Formen · Fundorte. (0409) Von Rudolf Graubner, 136 S., 100 Farbfotos, kartoniert. — DM/Fr 14.80 / S 118,-

Findet den ersten Stein! Mineralien, Steine und Fossilien Grundkenntnisse für Hobbysammler. (0437) Von Dieter Stobbe, 96 S., 16 Farbtafeln, 14 s/w-Fotos, 10 Zeichnungen, kartoniert. — DM/Fr 9.80 / S 78,-

Der Verseschmied Kleiner Leitfaden für Hobbydichter. Mit Reimlexikon (0597) Von Theodor Parisius, ca. 96 S., kartoniert. Voraussichtl. Erscheinungstermin: März 1982. — ca.* DM/Fr 6.80 / S 55,-

Briefmarken sammeln für Anfänger. (0481) Von Dieter Stein, 120 S., 4 Farbtafeln, 98 s/w-Abbildungen, kartoniert. — DM/Fr 7.80 / S 65,-

Münzen Ein Brevier für Sammler. (0353) Von Erhard Dehnke, 128 S., 4 Farbtafeln, 17 s/w-Abbildungen, kartoniert. — DM/Fr 9.80 / S 78,-

Münzen sammeln nach Motiven (0480) Von Armin Haug, 176 S., 93 s/w-Fotos, kartoniert. — DM/Fr 14.80 / S 118,-

Papiergeld Ein Brevier für Sammler. (0501) Von Albert Pick, 116 S., 51 s/w-Fotos, kartoniert. — DM/Fr 9.80 / S 78,-

Modellflug-Lexikon (0549) Von Werner Thies, 280 S., 98 s/w-Fotos, 234 Zeichnungen, Pappband. — DM/Fr 31.50 / S 252,-

Flugmodelle bauen und einfliegen. (0361) Von Werner Thies und Willi Rolf, 160 S., 63 Abbildungen und 7 Faltpläne, kartoniert. — DM/Fr 12.80 / S 98,-

Ferngelenkte Motorflugmodelle bauen und fliegen. (0400) Von Werner Thies, 184 S., mit Zeichnungen und Detailplänen, kartoniert. — DM/Fr 12.8 / S 98,-

Das große Modell-Motorenbuch (0560) Von Roland Schwarz, 236 S., 142 s/w-Fotos, 120 Zeichnungen, kartoniert. — DM/Fr 29.8 / S 238,-

Ferngelenkte Segelflugmodelle bauen und fliegen. (0446) Von Werner Thies, 176 S., 22 s/w-Fotos, 115 Zeichnungen, kartoniert. — DM/Fr 14.8 / S 118,-

Schiffsmodelle selber bauen. (0500) Von Dietmar und Reinhard Lochner, 200 S., 93 Zeichnungen, 2 Faltpläne, kartoniert. — DM/Fr 14.8 / S 118,-

Moderne Fotopraxis Bildgestaltung · Aufnahmepraxis · Kameratechnik · Fotolexikon. (4030) Von Wolfgang Freihen, 304 S., davon 50 vierfarbig, gebunden. — DM/Fr 29. / S 238,-

Moderne Schmalfilmpraxis Ausrüstungen · Drehbuch · Aufnahme · Schnitt · Vertonung. (4043) Von Uwe Ney, 328 S., über 200 Abbildungen, gebunden. — DM/Fr 29. / S 238,-

Schmalfilmen Ausrüstung · Aufnahmepraxis · Schnitt · Ton. (0342) Von Uwe Ney, 108 S., 4 Farbtafeln, 25 s/w-Fotos, kartoniert. — DM/Fr 6.8 / S 55,-

Schmalfilme selbst vertonen (0593) Von Uwe Ney, ca. 96 S., ca. 30 Fotos, kartoniert. Voraussichtl. Erscheinungstermin: Februar 1982. — ca.* DM/Fr 7.8 / S 65,-

Falken-Handbuch Videofilmen Systeme, Kameras, Aufnahme, Ton und Schnitt. (4093) Von Peter Lanzendorf 288 S., 8 Farbtafeln, 165 s/w-Fotos, 25 Zeichnungen, gebunden. — DM/Fr 36 / S 288,-

Gitarre spielen Ein Grundkurs für den Selbstunterricht. (0534) Von Atti Roßmann, 96 S., 1 Schallfolie, 150 Zeichnungen, durchgehend zweifarbig, kartoniert. — DM/Fr 19 / S 158,-

Sport

Die neue Tennis-Praxis Der individuelle Weg zu erfolgreichem Spiel. (4097) Von Richard Schönborn, 240 S., 202 Farbzeichnungen, gebunden. — DM/Fr 36 / S 288,-

Erfolgreiche Tennis-Taktik (4086) Von Robert Ford Greene, übersetzt von Michael Rolf Fischer, 181 S., 87 Abbildungen, kartoniert. — DM/Fr 19 / S 158,-

Tennis kompakt Der erfolgreiche Weg zu Spiel, Satz und Sieg. (5116) Von Wilfried Taferner, 128 S., 82 s/w-Fotos, 67 Zeichnungen, kartoniert.
DM/Fr 12.80
S 98,–

Frust und Freud beim Tennis Psychologische Studien der Spielertypen und Verhaltensweisen. (4079) Von H. Cath, A. Kahn und N. Cobb, 176 S., gebunden.
DM/Fr 19.80
S 158,–

Tennis Technik – Taktik – Regeln. (0375) Von Harald Elschenbroich, 112 S., 81 Abbildungen, kartoniert.
DM/Fr 6.80
S 55,–

Squash Ausrüstung – Technik – Regeln. (0539) Von Dietrich von Horn und Hein-Dirk Stünitz, 96 S., 55 s/w-Fotos, 25 Zeichnungen, kartoniert.
DM/Fr 8.80
S 70,–

Golf Ausrüstung – Technik – Regeln. (0343) Von J.C. Jessop, übersetzt von Heinz Biemer, mit einem Vorwort von H. Krings, Präsident des Deutschen Golf-Verbandes, 160 S., 65 Abbildungen, Anhang Golfregeln des DGV, kartoniert.
DM/Fr 16.80
S 134,–

Tischtennis modern gespielt mit TT-Quiz 17:21. (0363) Von Ossi Brucker und Tibor Harangozo, 120 S., 65 Abbildungen, kartoniert.
DM/Fr 9.80
S 78,–

Basketball Technik und Übungen für Schule und Verein. (0279) Von Chris Kyriasogiou, 116 S., mit 252 Übungen zur Basketballtechnik, 186 s/w-Fotos und 164 Zeichnungen, kartoniert.
DM/Fr 12.80
S 98,–

Fußball Training und Wettkampf. (0448) Von Holger Obermann und Peter Walz, 166 S., 93 s/w-Fotos, 56 Zeichnungen, kartoniert.
DM/Fr 9.80
S 78,–

Mein bester Freund, der Fußball (5107) Von Detlev Brüggemann und Dirk Albrecht, 171 Abbildungen, kartoniert.
DM/Fr 16.80
S 134,–

Handball Technik – Taktik – Regeln. (0426) Von Fritz und Peter Hattig, 128 S., 91 s/w-Fotos, 121 Zeichnungen, kartoniert.
DM/Fr 9.80
S 78,–

Volleyball Technik – Taktik – Regeln. (0351) Von Henner Huhle, 102 S., 330 Abbildungen, kartoniert.
DM/Fr 9.80
S 78,–

Segeln (4207) Von Claus Hehner, 96 S., 106 großformatige Farbfotos, Pappband.
DM/Fr 24.80
S 198,–

Segeln Ein Kurs für Anfänger. (0316) Von H. und L. Blasy, 112 S., 92 Abbildungen, kartoniert.
DM/Fr 7.80
S 65,–

Falken-Handbuch Tauchsport Theorie · Geräte · Technik · Training. (4062) Von Wolfgang Freihen, 264 S., 252 Farbfotos, gebunden.
DM/Fr 36,–
S 288,–

Wasser-Volleyball (0456) Von Karl-Friedrich Schwarz und Laszlo Sarossi, 80 S., 54 Abbildungen, kartoniert.
DM/Fr 12.80
S 98,–

Windsurfing Lehrbuch für Grundschein und Praxis. (5028) Von Calle Schmidt, 64 S., 60 Farbfotos, Pappband.
DM/Fr 12.80
S 98,–

Falken-Handbuch Angeln in Binnengewässern und im Meer. (4090) Von Helmut Oppel, 344 S., 24 Farbtafeln, 66 s/w-Fotos, 151 Zeichnungen, gebunden.
DM/Fr 39,–
S 312,–

Angeln Kleine Fibel für den Sportfischer. (0198) Von E. Bondick, 96 S., 116 Abbildungen, kartoniert.
DM/Fr 6.80
S 55,–

Sportfischen Fische – Geräte – Technik. (0324) Von Helmut Oppel, 144 S., 49 s/w-Fotos, 8 Farbtafeln, kartoniert.
DM/Fr 9.80
S 78,–

Skilanglauf für jedermann. Lernen – Üben – Anwenden. (5036) Von Heiner Brinkmann, Sporthochschule Köln, 116 S., 133 s/w-Fotos, kartoniert.
DM/Fr 12.80
S 98,–

Skischule Ausrüstung · Technik · Gymnastik. (0369) Von Richard Kerler, 128 S., 100 Abbildungen, kartoniert.
DM/Fr 7.80
S 65,–

Ski-Gymnastik Fit für Piste und Loipe. (0450) Von Hannelore Pilss-Samek, 104 S., 67 s/w-Fotos, 20 Zeichnungen, kartoniert.
DM/Fr 6.80
S 55,–

Reiten Vom ersten Schritt zum Reiterglück. (5033) Von Herta F. Kraupa-Tuskany, 64 S., 34 Farbfotos, 2 Zeichnungen, Pappband.
DM/Fr 12.80
S 98,–

Reiten Dressur · Springen · Gelände. (0415) Von Ute Richter, 168 S., 235 Abbildungen, kartoniert.
DM/Fr 9.80
S 78,–

Voltigieren Pflicht – Kür – Wettkampf. (0455) Von Josephine Bach, 120 S., 4 Farbtafeln, 88 s/w-Fotos, kartoniert.
DM/Fr 12.80
S 98,–

Fechten Florett – Degen – Säbel. (0449) Von Emil Beck, 88 S., 219 Fotos und Zeichnungen, kartoniert.
DM/Fr 11.80
S 94,–

Hockey Technische und taktische Grundlagen. (0398) Von Horst Wein, 152 S., mit vielen Zeichnungen und Fotos, kartoniert.
DM/Fr 16.80
S 134,–

Fibel für Kegelfreunde Sport- und Freizeitkegeln · Bowling. (0191) Von G. Bocsai, 72 S., mit über 60 Abbildungen, kartoniert.
DM/Fr 5.80
S 49,–

Beliebte und neue Kegelspiele (0271) Von Georg Bocsai, 92 S., 62 Abbildungen, kartoniert.
DM/Fr 4.80
S 39,–

Pool-Billard (0484) Herausgegeben vom Deutschen Pool-Billard-Bund, von Manfred Bach, Karl-Werner Kühn, 88 S., mit über 80 Abbildungen, kartoniert.
DM/Fr 7.80
S 65,–

Radsport Radtouristik und Rennen, Technik, Typen. (0550) Von Karl Ziegler und Rolf Lehmann, 120 S., 55 Abbildungen, kartoniert.
DM/Fr 9.80
S 78,–

Roller-Skating Roller-Jogging · Disco-Rolling. (0518) Von Christa-Maria und Richard Kerler, 80 S., 64 s/w-Fotos, 15 Zeichnungen, kartoniert.
DM/Fr 7.80
S 65,–

Die Erben Lilienthals Sportfliegen heute (4054) Von Günter Brinkmann, 240 S., 32 Farbtafeln, 176 s/w-Fotos, 33 Zeichnungen, gebunden.
DM/Fr 39,–
S 312,–

Sportschießen für jedermann. (0502) Von Anton Kovacic, 124 S. 116 s/w-Fotos, kartoniert.
DM/Fr 14.80
S 118,–

Isometrisches Training Übungen für Muskelkraft und Entspannung. (0529) Von Lothar M. Kirsch, 140 S., 164 s/w-Fotos, kartoniert.
DM/Fr 9.80
S 78,–

Spaß am Laufen Jogging für die Gesundheit. (0470) Von Werner Sonntag, 128 S., 36 Abbildungen, kartoniert.
DM/Fr 6.80
S 55,–

Falken-Handbuch Schach Das Handbuch für Anfänger und Könner. (4051) Von Theo Schuster, 360 S., über 340 Diagramme, gebunden.
DM/Fr 26,–
S 208,–

Einführung in das Schachspiel (0104) Von W. Wollenschläger und K. Colditz, 92 S., 65 Diagramme, kartoniert. — DM/Fr **5.80** S 49,–

Spielend Schach lernen (2002) Von Theo Schuster, 128 S., kartoniert. — DM/Fr **6.80** S 55,–

Schach für Fortgeschrittene Taktik und Probleme des Schachspiels. (0219) Von Rudolf Teschner, 96 S., 85 Schachdiagramme, kartoniert. — DM/Fr **5.80** S 49,–

Schach-WM '81 Karpow – Kortschnoi. Mit ausführlichem Kommentar zu allen Partien. (0583) Von Großmeister H. Pfleger, O. Borik, 179 S., zahlreiche Diagramme und Fotos, kartoniert. — DM/Fr **16.80** S 134,–

Schach dem Weltmeister Karpow (0433) Von Theo Schuster, 164 S., 19 Abbildungen, 83 Diagramme, kartoniert. — DM/Fr **12.80** S 98,–

Neue Schacheröffnungen (0478) Von Theo Schuster, 108 S., 100 Diagramme, kartoniert. — DM/Fr **8.80** S 70,–

Kinder- und Jugendschach Offizielles Lehrbuch zur Erringung der Bauern-, Turm- und Königsdiplome des Deutschen Schachbundes. (0561) Von B.J. Withuis und Dr. H. Pfleger, 144 S., 11 s/w-Fotos, 223 Abbildungen, kartoniert. — DM/Fr **12.80** S 98,–

Schachstrategie Ein Intensivkurs mit Übungen und ausführlichen Lösungen. (0584) Von Alexander Koblenz, dt. Bearb. von Karl Colditz, 192 S., ca. 130 Diagramme, kartoniert. Voraussichtl. Erscheinungstermin: April 1982. — ca.* DM/Fr **14.80** S 118,–

Bodybuilding Anleitung zum Muskel- und Konditionstraining für sie und ihn. (0604) Von Reinhard Smolana, 160 S., 172 Fotos, kartoniert. — DM/Fr **9.80** S 78,–

Walking Fit, schlank und gesund durch Sportgehen. (0602) Von Gary D. Yanker, ca. 112 S., ca. 50 Fotos, kartoniert. Voraussichtl. Erscheinungstermin: März 1982. — ca.* DM/Fr **9.80** S 78,–

Budo

Budo-Lexikon 1700 Fachausdrücke fernöstlicher Kampfsportarten. (0383) Von Herbert Velte, 152 S., 95 Abbildungen, kartoniert. — DM/Fr **12.80** S 98,–

Judo Grundlagen des Stand- und Bodenkampfes. (4013) Von Wolfgang Hofmann, 244 S., 589 Fotos, gebunden. — DM/Fr **29.80** S 238,–

Neue Lehrmethoden der Judo-Praxis (0424) Von Pierre Herrmann, 223 S., 475 Abbildungen, kartoniert. — DM/Fr **16.80** S 134,–

Judo Grundlagen – Methodik. (0305) Von Mahito Ohgo, 208 S., 1025 Fotos, kartoniert. — DM/Fr **14.80** S 118,–

Wir machen Judo (5069) Von Riccardo Bonfranchi und Ulrich Klocke, 92 S., mit Bewegungsabläufen in cartoonartigen zweifarbigen Zeichnungen, kartoniert. — DM/Fr **12.80** S 98,–

Fußwürfe für Judo, Karate und Selbstverteidigung. (0439) Von Hayward Nishioka, übersetzt von Hans-Jürgen Hesse, 96 S., 260 Abbildungen, kartoniert. — DM/Fr **9.80** S 78,–

Das Karate-Buch-Ereignis seit Jahren! Alles Wissen über KARATE – diese hohe Kunst der Selbstverteidigung – erscheint in einer 8bändigen Buchserie.

Nakayamas Karate perfekt 1 Einführung. (0487) Von Masatoshi Nakayama, 136 S., 605 s/w-Fotos, kartoniert. — DM/Fr **19.80** S 158,–

Nakayamas Karate perfekt 2 Grundtechniken. (0512) Von Masatoshi Nakayama, 136 S., 354 s/w-Fotos, 53 Zeichnungen, kartoniert. — DM/Fr **19.80** S 158,–

Nakayamas Karate perfekt 3 Kumite 1: Kampfübungen. (0538) Von Masatoshi Nakayama, 128 S., 424 s/w-Fotos, kartoniert. — DM/Fr **19.80** S 158,–

Nakayamas Karate perfekt 4 Kumite 2: Kampfübungen. (0547) Von Masatoshi Nakayama, 128 S., 394 s/w-Fotos, kartoniert. — DM/Fr **19.80** S 158,–

Nakayamas Karate perfekt 5 Kata 1: Heian, Tekki. (0571) Von Masatoshi Nakayama, 144 S., 1229 s/w-Fotos, kartoniert. — DM/Fr **19.80** S 158,–

Nakayamas Karate perfekt 6 Kata 2: Bassai-Dai, Kanku-Dai. (0600) Von Masatoshi Nakayama, Übers. Hans-Jürgen Hesse, 144 S., ca. 1300 Fotos, kartoniert. — DM/Fr **19.80** S 158,–

Karate für Frauen und Mädchen Sport und Selbstverteidigung. (0425) Von Albrecht Pflüger, 168 S., 259 s/w-Fotos, kartoniert. — DM/Fr **9.80** S 78,–

Karate I Einführung · Grundtechniken (0227) Von Albrecht Pflüger, 148 S., 195 s/w-Fotos und Zeichnungen, kartoniert. — DM/Fr **9.80** S 78,–

Karate II Kombinationstechniken · Katas. (0239) Von Albrecht Pflüger, 176 S., 452 s/w-Fotos und Zeichnungen, kartoniert. — DM/Fr **9.80** S 78,–

Karate-Do Das Handbuch des modernen Karate. (4028) Von Albrecht Pflüger, 360 S., 1159 Abbildungen, gebunden. — DM/Fr **29.80** S 238,–

Karate für alle Karate-Selbstverteidigung in Bildern. (0314) Von Albrecht Pflüger, 112 S., 356 s/w-Fotos, kartoniert. — DM/Fr **8.80** S 70,–

Kontakt-Karate Ausrüstung · Technik · Training. (0396) Von Albrecht Pflüger, 112 S., 238 s/w-Fotos, kartoniert. — DM/Fr **12.80** S 98,–

Der König des Kung-Fu Bruce Lee Sein Leben und Kampf. (0392) Von seiner Frau Linda. Deutsch von W. Nottrodt, 136 S., 104 s/w-Fotos, mit großem Bruce-Lee-Poster, kartoniert. — DM/Fr **19.80** S 158,–

Bo-Karate Kukishin-Ryu – die Techniken des Stockkampfes. (0447) Von Georg Stiebler, 176 S., 424 s/w-Fotos, 38 Zeichnungen, kartoniert.
DM/Fr **16.80**
S 134,–

Bruce Lees Jeet Kune Do (0440) Von Bruce Lee übersetzt von Hans-Jürgen Hesse, 192 S., mit 105 eigenhändigen Zeichnungen von Bruce Lee, kartoniert.
DM/Fr **19.80**
S 158,–

Bruce Lees Kampfstil 1 Grundtechniken. (0473) Von Bruce Lee und M. Uyehara, 109 S., 220 Abbildungen, kartoniert.
DM/Fr **9.80**
S 78,–

Bruce Lees Kampfstil 2 Selbstverteidigungstechniken. (0486) Von Bruce Lee und M. Uyehara, 128 S., 310 Abbildungen, kartoniert.
DM/Fr **9.80**
S 78,–

Bruce Lees Kampfstil 3 Trainingslehre. (0503) Von Bruce Lee und M. Uyehara, 112 S., 246 Abbildungen, kartoniert.
DM/Fr **9.80**
S 78,–

Bruce Lees Kampfstil 4 Kampftechniken. (0523) Von Bruce Lee und M. Uyehara, 104 S., 211 Abbildungen, kartoniert.
DM/Fr **9.80**
S 78,–

Kung-Fu und Tai-Chi Grundlagen und Bewegungsabläufe. (0367) Von Bruce Tegner, 182 S., 370 s/w-Fotos, kartoniert.
DM/Fr **14.80**
S 118,–

Kung-Fu II Theorie und Praxis klassischer und moderner Stile. (0376) Von Manfred Pabst, 160 S., 330 Abbildungen, kartoniert.
DM/Fr **12.80**
S 98,–

Shaolin-Kempo – Kung-Fu Chinesisches Karate im Drachenstil. (0395) Von Ronald Czerni und Klaus Konrad, 236 S., 723 Abbildungen, kartoniert.
DM/Fr **19.80**
S 158,–

Ju-Jutsu Grundtechniken – Moderne Selbstverteidigung. (0276) Von Werner Heim und Franz J. Gresch, 160 S., 460 s/w-Fotos, kartoniert.
DM/Fr **9.80**
S 78,–

Ju-Jutsu 2 für Fortgeschrittene und Meister. (0378) Von Werner Heim und Franz J. Gresch, 164 S., 798 s/w-Fotos, kartoniert.
DM/Fr **19.80**
S 158,–

Ju-Jutsu 3 Spezial-, Gegen- und Weiterführungstechniken. (0485) Von Werner Heim und Franz J. Gresch, 214 S., über 600 s/w-Fotos, kartoniert.
DM/Fr **19.80**
S 158,–

Nunchaku Waffe · Sport · Selbstverteidigung. (0373) Von Albrecht Pflüger, 144 S., 247 Abbildungen, kartoniert.
DM/Fr **16.80**
S 134,–

Shuriken · **Tonfa** · **Sai** Stockfechten und andere bewaffnete Kampfsportarten aus Fernost. (0397) Von Andreas Schulz, 96 S., 253 s/w-Fotos, kartoniert.
DM/Fr **12.80**
S 98,–

Illustriertes Handbuch des Taekwon-Do Koreanische Kampfkunst und Selbstverteidigung. (4053) Von Konstantin Gil, 248 S., 1026 Abbildungen, gebunden.
DM/Fr **29.80**
S 238,–

Taekwon-Do Koreanischer Kampfsport. (0347) Von Konstantin Gil, 152 S., 408 Abbildungen, kartoniert.
DM/Fr **12.80**
S 98,–

Aikido Lehren und Techniken des harmonischen Weges. (0537) Von Rolf Brand, 280 S., 697 Abbildungen, kartoniert.
DM/Fr **19.80**
S 158,–

Hap Ki Do Grundlagen und Techniken koreanischer Selbstverteidigung. (0379) Von Kim Sou Bong, 112 S., 153 Abbildungen, kartoniert.
DM/Fr **14.80**
S 118,–

Dynamische Tritte Grundlagen für den Zweikampf. (0438) Von Chong Lee, übersetzt von Manfred Pabst, 96 S., 398 s/w-Fotos, 10 Zeichnungen, kartoniert.
DM/Fr **9.80**
S 78,–

Wissen und Technik

Antiquitäten-(Ver)führer Stilkunde – Wert – Echtheitsbestimmung. (5057) Von Margot Lutze, 128 S., 191 Farbfotos, Pappband.
DM/Fr **19.80**
S 158,–

Heiße Öfen Motorräder · Motorsport. (5008) Von Horst Briel, 64 S., 63 Farbfotos, Pappband.
DM/Fr **12.80**
S 98,–

Dampflokomotiven (4204) Von Werner Jopp, 96 S., 134 großformatige Farbfotos, Pappband.
DM/Fr **24.80**
S 198,–

Der Sklave Calvisius Alltag in einer römischen Provinz 150 n. Chr. (4058) Von Alice Ammermann, Tilmann Röhrig, Gerhard Schmidt, 120 S., 99 Farbfotos und farbige Zeichnungen, 47 s/w-Fotos und Zeichnungen, Pappband.
DM/Fr **19.80**
S 158,–

ZDF · ORF · DRS KOMPASS Jugend-Lexikon (4096) Von Richard Kerler, Jochen Blum, unter Mitarbeit von Ursula Kopp, 336 S., 766 Farbfotos, 39 s/w-Fotos und Zeichnungen, Pappband.
DM/Fr **29.80**
S 238,–

Freizeit mit dem Mikroskop (0291) Von Martin Deckart, 132 S., 69 s/w-Fotos, 4 Zeichnungen, kartoniert.
DM/Fr **9.80**
S 78,–

Die schnellsten Motorboote der Welt (4210) Von Hans G. Isenberg, 96 S., 104 großformatige Farbfotos, Pappband.
DM/Fr **24.80**
S 198,–

Keine Angst vorm Fliegen (0463) Von Rudolf Braunburg und R.J. Pieritz, 159 S., 15 Farbtafeln, 68 s/w-Fotos, kartoniert.
DM/Fr **12.80**
S 98,–

Die tollsten Motorflugzeuge aller Zeiten (4208) Von Richard J. Höhn und Hans G. Isenberg, 96 S., 86 großformatige Farbfotos, Pappband.
DM/Fr **19.80**
S 158,–

Zivilflugzeuge Vom Kleinflugzeug zum Überschall-Jet. (4218) Von Richard J. Höhn und Hans G. Isenberg, 96 S., 115 großformatige Farbfotos, Pappband.
DM/Fr **19.80**
S 158,–

Die schnellsten Autos der Welt (4201) Von Hans G. Isenberg und Dirk Maxeiner, 96 S., 110 meist vierfarbige Abbildungen, Pappband.
DM/Fr **19.80**
S 158,–

CB-Code Wörterbuch und Technik. (0435) Von Richard Kerler, 120 S., mit technischen Abbildungen, kartoniert.
DM/Fr **7.80**
S 65,–

Die rasantesten Rallyes der Welt (4213) Von Hans G. Isenberg und Dirk Maxeiner, 96 S., 116 großformatige Farbfotos, Pappband.
DM/Fr **19.80**
S 158,–

Auto-Rallyes für jedermann Planen – ausrichten – mitfahren. (0457) Von Rüdiger Hagelberg, 104 S., kartoniert.
DM/Fr **9.80**
S 78,–

Raketen auf Rädern Autos und Motorräder an der Schallgrenze. (4220) Von Hans G. Isenberg, 96 S., 112 großformatige Farbfotos, 21 s/w-Fotos, Pappband.
DM/Fr **19.80**
S 158,–

Motorrad-Hits Chopper, Tribikes, Heiße Öfen (4221) Von Hans Georg Isenberg, 96 S., über 120 Farbfotos, Pappband. — DM/Fr 24.80 / S 198,–

Die schnellsten Motorräder der Welt (4206) Von Hans G. Isenberg und Dirk Maxeiner, 96 S., 100 großformatige Farbfotos, Pappband. — DM/Fr 19.80 / S 158,–

Energie aus Sonne, Wasser, Wind und Eis Alles über Wärmedämmung, Wärmepumpen, Sonnendächer und andere Systeme. (0552) Von Volker Petzold, 216 S., 124 Abbildungen, kartoniert. — DM/Fr 16.80 / S 134,–

Pflanzen, Garten, Tiere

Faszination Berg zwischen Alpen und Himalaya. (4214) Von Toni Hiebeler, 96 S., 100 großformatige Farbfotos, Pappband. — DM/Fr 22.80 / S 182,–

Die bunte Welt der Wiesenblumen (4217) Von Friedrich Jantzen, 96 S., 121 großformatige Farbfotos, Pappband. — DM/Fr 19.80 / S 158,–

Gefährdete und geschützte Pflanzen erkennen und benennen. (0596) Von Wieland Schnedler und Karl Wolfstetter, 160 S., ca. 120 Farbfotos, kartoniert. Voraussichtl. Erscheinungstermin: März 1982. — ca.* DM/Fr 19.80 / S 158,–

Großes Kräuter- und Gewürzbuch (4026) Von Heinz Görz, 584 S., 40 Farbtafeln, 152 Abbildungen, gebunden. — DM/Fr 36,– / S 288,–

Gesundes Leben im Naturgarten So wird man erfolgreicher Bio-Gärtner. (4124) Von Norbert Jorek, ca. 75 Fotos, kartoniert. Voraussichtl. Erscheinungstermin: März 1982. — ca.* DM/Fr 12.80 / S 98,–

Arzneikräuter und Wildgemüse erkennen und benennen. (0459) Von Jörg Raithelhuber, 144 S., 108 Farbfotos, kartoniert. — DM/Fr 14.80 / S 118,–

Die farbige Kräuterfibel (0245) Von Ingrid Gabriel, 196 S., 49 farbige und 97 s/w-Abbildungen, Pappband. — DM/Fr 14.80 / S 118,–

Bäume und Sträucher erkennen und benennen. (0509) Von Jörg Raithelhuber, 116 S., 108 Farbfotos, kartoniert. — DM/Fr 16.80 / S 134,–

Beeren und Waldfrüchte erkennen und benennen, eßbar oder giftig? (0401) Von Jörg Raithelhuber, 120 S., 94 Farbfotos, kartoniert. — DM/Fr 16.80 / S 134,–

Falken-Handbuch Pilze Mit über 250 Farbfotos und Rezepten. (4061) Von Martin Knoop, 276 S., 250 Farbfotos, 28 Zeichnungen, gebunden. — DM/Fr 36,– / S 288,–

Pilze erkennen und benennen. (0380) Von Jörg Raithelhuber, 136 S., 110 Farbfotos, kartoniert. — DM/Fr 14.80 / S 118,–

Falken-Handbuch Der Garten Das moderne illustrierte Standardwerk. (4044) Von Gerhard Bambach, unter Mitarbeit von Ulrich Kaiser, Wolfgang Velte und Joachim Zech, 854 S., 46 Farbtafeln, 972 s/w-Fotos, 85 Zeichnungen, gebunden. — DM/Fr 46,– / S 368,–

Das Gartenjahr Arbeitsplan für draußen und drinnen. (4075) Von Gerhard Bambach, 152 S., 16 Farbtafeln, viele Abbildungen, kartoniert. — DM/Fr 12.80 / S 98,–

Gärtnern (5004) Von Inge Manz, 64 S., 38 Farbfotos, Pappband. — DM/Fr 11.80 / S 94,–

Steingärten Anlage – Pflanzen – Pflege. (5092) Von Martin Haberer, 64 S., 90 Farbfotos, Pappband. — DM/Fr 12.80 / S 98,–

Gartenteiche und Wasserspiele planen, anlegen und pflegen. (4083) Von Horst R. Sikora, 160 S., 16 Farbtafeln, über 100 Skizzen und Abbildungen, Pappband. — DM/Fr 29.80 / S 238,–

Ziersträucher und -bäume im Garten (5071) Von Inge Manz, 64 S., 91 Farbfotos, Pappband. — DM/Fr 12.80 / S 98,–

Blumenpracht im Garten (5014) Von Inge Manz, 64 S., 48 Farbfotos, Pappband. — DM/Fr 12.80 / S 98,–

Rosen Arten – Pflanzung – Pflege. (5065) Von Inge Manz, 64 S., 60 Farbfotos, Pappband. — DM/Fr 11.80 / S 94,–

Frühbeet und Kleingewächshaus (5055) Von Gustav Schoser, 64 S., 43 Farbfotos, Pappband. — DM/Fr 12.80 / S 98,–

Gemüse und Kräuter frisch und gesund aus eigenem Anbau. (5024) Von Mechthild Hahn, 64 S., 71 Farbfotos, Pappband. — DM/Fr 12.80 / S 98,–

Der Obstgarten Pflanzung · Pflege · Baumschnitt · Neuheiten. (5100) Von Joachim Zech, 64 S., 54 Farbfotos, Pappband. — DM/Fr 12.80 / S 98,–

Balkons in Blütenpracht zu allen Jahreszeiten. (5047) Von Nikolaus Uhl, 64 S., 82 Farbfotos, Pappband. — DM/Fr 12.80 / S 98,–

Grabgestaltung Bepflanzung und Pflege zu jeder Jahreszeit. (5120) Von Nikolaus Uhl, 64 S., 77 Farbfotos, 2 Zeichnungen, Pappband. — DM/Fr 14.80 / S 118,–

Bonsai Japanische Miniaturbäume und Miniaturlandschaften. Anzucht, Gestaltung und Pflege. (4091) Von Benedikt Lesniewicz, 160 S., 106 Farbfotos, 46 s/w-Fotos, 115 Zeichnungen, gebunden. — DM/Fr 58,– / S 549,–

Falken-Handbuch Zimmerpflanzen 1600 Pflanzenporträts. (4082) Von Rolf Blaich, 432 S., 480 Farbfotos, 84 Zeichnungen, 1600 Pflanzenbeschreibungen, gebunden. — DM/Fr 39,– / S 312,–

Zimmerpflanzen in Farbe. (5010) Von Inge Manz, 64 S., 98 Farbfotos, Pappband. — DM/Fr 11.80 / S 94,–

Zimmerbäume, Palmen und andere Blattpflanzen (5111) Von Gustav Schoser, 96 S., 98 Farbfotos, 7 Zeichnungen, Pappband. — DM/Fr 16.80 / S 134,–

Hydrokultur Pflanzen ohne Erde – mühelos gepflegt. (4080) Von Hans-August Rotter, 120 S., 67 farbige und s/w-Abbildungen sowie Zeichnungen, gebunden. — DM/Fr 19.80 / S 158,–

Blütenpracht in Grolit 2000 Der neue, mühelose Weg zu farbenprächtigen Zimmerpflanzen. (5127) Von Gabriele Vocke, 64 S., 50 Farbfotos, Pappband. — DM/Fr 9.80 / S 78,–

Faszinierende Formen und Farben Kakteen (4211) Von Katharina und Franz Schild, 96 S., 127 großformatige Farbfotos, Pappband. — DM/Fr 19.80 / S 158,–

Kakteen Herkunft, Anzucht, Pflege, Klimabedingungen. (5021) Von Werner Hoffmann, 64 S., 70 Farbfotos, Pappband. — DM/Fr 11.80 / S 94,–

Fibel für Kakteenfreunde (0199) Von H. Herold, 102 S., 8 Farbtafeln, kartoniert. — DM/Fr 7.80 / S 65,–

Kakteen und andere Sukkulenten 300 Arten mit über 500 Farbfotos (4116) Von Günter Andersohn, ca. 320 S., gebunden, mit vierfarbigem Schutzumschlag. Voraussichtl. Erscheinungstermin: März 1982. — ca.* DM/Fr 36,– / S 288,–

Sukkulenten Mittagsblumen, Lebende Steine, Wolfsmilchgewächse u.a. (5070) Von Werner Hoffmann, 64 S., 82 Farbfotos, Pappband. — DM/Fr 11.80 / S 94,–

Orchideen (4215) Von Gustav Schoser, 96 S., 143 großformatige Farbfotos, Pappband. — DM/Fr **24.80** / S 198,–

Orchideen Eigenart – Schnittblumen – Topfkultur – Pflege. (5038) Von Gustav Schoser, 64 S., 75 Farbfotos, Pappband. — DM/Fr **14.80** / S 118,–

Sag's mit Blumen Pflege und Arrangieren von Schnittblumen. (5103) Von Peter Möhring ca. 64 S., ca. 70 Farbfotos, Pappband. Voraussichtl. Erscheinungstermin: 1. Halbjahr 82 — ca.* DM/Fr **9.80** / S 78,–

Ikebana Einführung in die japanische Kunst des Blumensteckens. (0548) Von Gabriele Vocke, 152 S., 47 Farbfotos, kartoniert. — DM/Fr **19.80** / S 158,–

Blumengestecke im Ikebanastil (5041) Von Gabriele Vocke, 64 S., 37 Farbfotos, viele Zeichnungen, kartoniert. — DM/Fr **14.80** / S 118,–

Dauergestecke mit Zweigen, Trocken- und Schnittblumen. (5121) Von Gabriele Vocke, 64 S., ca. 50 Farbfotos, Pappband. Voraussichtl. Erscheinungstermin: 1. Halbjahr 82 — ca.* DM/Fr **14.80** / S 118,–

Falken-Handbuch **Hunde** (4118) Von Horst Bielfeld, 176 S., 222 Farbfotos und Farbzeichnungen, gebunden. — DM/Fr **39,–** / S 312,–

Hunde Rassen · Erziehung · Haltung. (4209) Von Horst Bielfeld, 96 S., 101 großformatige Farbfotos, Pappband. — DM/Fr **19.80** / S 158,–

Das neue Hundebuch Rassen · Aufzucht · Pflege. (0009) Von W. Busack, überarbeitet von Dr. med. vet. A.H. Hacker, 104 S., viele Abbildungen, kartoniert. — DM/Fr **8.80** / S 70,–

Falken-Handbuch **Der Deutsche Schäferhund** (4077) Von Ursula Förster, 228 S., 160 farbige und s/w-Abbildungen sowie Zeichnungen, gebunden. — DM/Fr **29.80** / S 238,–

Der Deutsche Schäferhund (0073) Von Alfred Hacker, 104 S., 24 Abbildungen, kartoniert. — DM/Fr **7.80** / S 65,–

Dackel, Teckel, Dachshund Aufzucht · Pflege · Ausbildung. (0508) Von Marianne Wein-Gysae, 112 S., 4 Farbtafeln, 43 s/w-Fotos, 2 Zeichnungen, kartoniert. — DM/Fr **9.80** / S 78,–

Hunde-Ausbildung Verhalten – Gehorsam – Abrichtung. (0346) Von Prof. Dr. R. Menzel, 96 S., 18 Fotos, kartoniert. — DM/Fr **7.80** / S 65,–

Hundekrankheiten Erkennung und Behandlung · Steuerung des Sexualverhaltens. (0570) Von Dr. med. vet. Rolf Spangenberg, 128 S., 68 s/w-Fotos, 10 Zeichnungen, kartoniert. — DM/Fr **9.80** / S 78,–

Ziervögel in Haus und Voliere. Arten – Verhalten – Pflege. (0377) Von Horst Bielfeld, 144 S., 32 Farbfotos, kartoniert. — DM/Fr **9.80** / S 78,–

Papageien und Sittiche Arten · Pflege · Sprechunterricht. (0591) Von Horst Bielfeld, ca. 112 S., über 30 Farbfotos, kartoniert. Voraussichtl. Erscheinungstermin: April 1982. — ca.* DM/Fr **9.80** / S 78,–

Vögel Die wichtigsten Arten Mitteleuropas. Erkennen und benennen. (0554) Von Joachim Zech, 152 S., 135 Farbfotos, 4 s/w-Fotos, 5 Zeichnungen, kartoniert. — DM/Fr **16.80** / S 134,–

Schmetterlinge Tagfalter Mitteleuropas erkennen und benennen. (0510) Von Thomas Ruckstuhl, 156 S., 136 Farbfotos, kartoniert. — DM/Fr **16.80** / S 134,–

Insekten Mitteleuropas erkennen und benennen. (0588) Von Helmut Bechtel, ca. 144 S., ca. 120 Farbfotos, 15 Zeichnungen, kartoniert. Voraussichtl. Erscheinungstermin: März 1982. — ca.* DM/Fr **16.80** / S 134,–

Ponys Rassen, Haltung, Reiten. (4205) Von Stefan Braun, 96 S., 84 großformatige Farbfotos, Pappband. — DM/Fr **19.80** / S 158,–

Dinosaurier und andere Tiere der Urzeit. (4219) Von Gerolf Alschner, 96 S., 81 großformatige Farbzeichnungen, 4 s/w-Fotos, Pappband. — DM/Fr **19.80** / S 158,–

Süßwasser-Aquaristik Exotische Welt im Glas. (5080) Von Lothar Scheller, 64 S., 67 Farbfotos und Zeichnungen, Pappband. — DM/Fr **14.80** / S 118,–

Das Süßwasser-Aquarium Einrichtung – Pflege – Fische – Pflanzen (0153) Von H.J. Mayland, 132 S., 163 Zeichnungen, 8 Farbtafeln, kartoniert. — DM/Fr **8.80** / S 70,–

Aquarienfische des tropischen Süßwassers. (5003) Von Hans J. Mayland, 64 S., 98 Farbfotos, Pappband. — DM/Fr **12.80** / S 98,–

Das Meerwasser-Aquarium Einrichtung – Pflege – Fische und niedere Tiere. (0281) Von Hans J. Mayland, 146 S., 30 farbige und 228 s/w-Abbildungen, kartoniert. — DM/Fr **14.80** / S 118,–

Falken-Handbuch **Das Terrarium** (4069) Von Burkhard Kahl, Paul Gaupp, Dr. Günter Schmidt, 336 S., 215 Farbfotos, gebunden. — DM/Fr **48,–** / S 384,–

Katzen Rassen · Haltung · Pflege. (4216) Von Brigitte Eilert-Overbeck, 96 S., 82 großformatige Farbfotos, Pappband. — DM/Fr **19.80** / S 158,–

Das neue Katzenbuch Rassen – Aufzucht – Pflege. (0427) Von Brigitte Eilert-Overbeck, 136 S., 14 Farbfotos, 26 s/w-Fotos, kartoniert. — DM/Fr **8.80** / S 70,–

Das Aquarium Einrichtung, Pflege und Fische für Süß- und Meerwasser. (4029) Von Hans J. Mayland, 334 S., über 415 Farbfotos und Farbtafeln, 150 Zeichnungen, gebunden. — DM/Fr **39,–** / S 312,–

Süßwasser-Aquarienfische (4212) Von Burkhard Kahl, 96 S., 108 großformatige Farbfotos, Pappband. — DM/Fr **22.80** / S 182,–

Essen und Trinken

Kochen, was allen schmeckt 1700 Koch- und Backrezepte für jede Gelegenheit. (4098) Von Anneliese und Gerhard Eckert, 796 S., 60 Farbtafeln, Pappband.
DM/Fr **19.80**
S **158,–**

Max Inzingers 111 beste Rezepte (4041) Von Max Inzinger, 124 S., 35 Farbtafeln, kartoniert.
DM/Fr **19.80**
S **158,–**

Omas Küche und unsere Küche heute (4089) Von J. Peter Lemcke, 160 S., 8 Farbtafeln, 95 Zeichnungen, Pappband.
DM/Fr **24.80**
S **198,–**

Der lachende Feinschmecker Fred Metzlers Rezepte mit Pointen. (0475) Von Fred Metzler, 136 S., mit Zeichnungen von Ferry Ahrlé, Pappband.
DM/Fr **12.80**
S **98,–**

Was koche ich heute? Neue Rezepte für Fix-Gerichte. (0608) Von Annette Badelt-Vogt, 112 S., 16 Farbtafeln, kartoniert.
DM/Fr **9.80**
S **78,–**

Kulinarische Genüsse für Verliebte (4071) Von Claus Arius, 128 S., 16 Farbtafeln, gebunden.
DM/Fr **24.80**
S **198,–**

Schnelle Küche (4095) Von Anneliese und Gerhard Eckert, 136 S., 15 Farbtafeln, 61 Zeichnungen, kartoniert.
DM/Fr **9.80**
S **78,–**

Kochen für 1 Person Rationell wirtschaften, abwechslungsreich und schmackhaft zubereiten. (0586) Von M. Nicolin, ca. 144 S., 8 Farbtafeln, 12 Zeichnungen, kartoniert. Voraussichtl. Erscheinungstermin: März 1982.
ca.*
DM/Fr **9.80**
S **78,–**

Die besten Eintöpfe und Aufläufe (5079) Von Anneliese und Gerhard Eckert, 64 S., 49 Farbfotos, Pappband.
DM/Fr **11.80**
S **94,–**

Kalte und warme Vorspeisen einfach · herzhaft · raffiniert. (5045) Von Karin Iden, 64 S., 43 Farbfotos, Pappband.
DM/Fr **12.80**
S **98,–**

Süße Nachspeisen (0601) Von Petra Lohmann, ca. 96 S., 8 Farbtafeln, kartoniert. Voraussichtl. Erscheinungstermin: März 1982.
ca.*
DM/Fr **7.80**
S **65,–**

Nudelgerichte – lecker, locker, leicht zu kochen. (0466) Von Christiane Stephan, 80 S., 8 Farbtafeln, kartoniert.
DM/Fr **6.80**
S **55,–**

Weltmeister-Soßen Die Krönung der feinen Küche. (0357) Von Giovanni Cavestri, 100 S., 14 Farbtafeln, kartoniert.
DM/Fr **9.80**
S **78,–**

Köstliche Suppen für jede Tages- und Jahreszeit. (5122) Von Elke Fuhrmann, 64 S., 38 Farbfotos, Pappband.
DM/Fr **11.80**
S **94,–**

Desserts (5020) Von Margrit Gutta, 64 S., 38 Farbfotos, Pappband.
DM/Fr **12.80**
S **98,–**

Gesund kochen wasserarm · fettfrei · aromatisch. (4060) Von Margrit Gutta, 240 S., 16 Farbtafeln, Pappband.
DM/Fr **19.80**
S **158,–**

Alternativ essen Die gesunde Sojaküche. (0553) Von Uwe Kolster, 112 S., 8 Farbtafeln, kartoniert.
DM/Fr **9.80**
S **78,–**

Gesunde Kost aus dem Römertopf (0442) Von Jutta Kramer, 128 S., 8 Farbtafeln, 13 Zeichnungen, kartoniert.
DM/Fr **7.80**
S **65,–**

Ganz und gar mit Mikrowellen (4094) Von Tina Peters, 208 S., 24 Farbtafeln, 12 Zeichnungen, Pappband.
DM/Fr **29.80**
S **238,–**

Das neue Mikrowellen-Kochbuch (0434) Von Hermann Neu, 64 S., 4 Farbtafeln, kartoniert.
DM/Fr **5.80**
S **49,–**

Kochen und backen im Heißluftherd Vorteile, Gebrauchsanleitung, Rezepte. (0516) Von Katharina Kölner, 72 S., 8 Farbtafeln, kartoniert.
DM/Fr **7.80**
S **65,–**

Schnell gekocht – gut gekocht mit vielen Rezepten für Schnellkochtöpfe und Schnellbratpfannen. (0265) Von Irmgard Persy, 96 S., 8 Farbtafeln, kartoniert.
DM/Fr **7.80**
S **65,–**

Das neue Fritieren geruchlos, schmackhaft und gesund. (0365) Von Petra Kühne, 96 S., 8 Farbtafeln, kartoniert.
DM/Fr **7.80**
S **65,–**

Hobby-Kochbuch für Tiefkühlkost (0302) Von Ruth Vollmer-Ruprecht, 104 S., 8 Farbtafeln, kartoniert.
DM/Fr **8.80**
S **70,–**

Alles über Einkochen, Einlegen, Einfrieren Gesund und herzhaft. (4055) Von Birgit Müller, 152 S., 16 Farbtafeln, kartoniert.
DM/Fr **12.80**
S **98,–**

Einkochen nach allen Regeln der Kunst. (0405) Von Birgit Müller, 96 S., 8 Farbtafeln kartoniert.
DM/Fr **6.80**
S **55,–**

Natursammlers Kochbuch Wildfrüchte und -gemüse, Pilze, Kräuter – finden und zubereiten. (4040) Von Christa-Maria Kerler, 140 S., 17 Farbtafeln, gebunden.
DM/Fr **19.80**
S **158,–**

Kräuter- und Heilpflanzen-Kochbuch für eine gesunde Lebensweise. (4066) Von Pia Pervenche, 143 S., 15 Farbtafeln, kartoniert.
DM/Fr **12.80**
S **98,–**

Miekes Kräuter- und Gewürzkochbuch (0323) Von Irmgard Persy und Klaus Mieke, 96 S., 8 Farbtafeln, kartoniert.
DM/Fr **6.80**
S **55,–**

Wildgerichte einfach bis raffiniert. (5115) Von Margrit Gutta, 64 S., 43 Farbfotos, Pappband.
DM/Fr **12.80**
S **98,–**

Wild und Geflügel (4056) Von Christine Schönherr, 256 S., 122 großformatige Farbfotos, gebunden.
DM/Fr **48,–**
S **384,–**

Geflügel Die besten Rezepte aus aller Welt. (5050) Von Margrit Gutta, 64 S., 32 Farbfotos, Pappband.
DM/Fr **12.80**
S **98,–**

Grillen – drinnen und draußen. (4047) Von Claus Arius, 152 S., 30 Farbtafeln, kartoniert.
DM/Fr **12.80**
S **98,–**

Grillen Fleisch · Fisch · Beilagen · Soßen. (5001) Von Elke Fuhrmann, 64 S., 38 Farbfotos, Pappband.
DM/Fr **11.80**
S **94,–**

Die neue Grillküche Garen und backen im Quarz-Grill. (0419) Von Marianne Bormio, 80 S., 8 Farbtafeln, kartoniert.
DM/Fr **7.80**
S **65,–**

Raffinierte Steaks und andere Fleischgerichte. (5043) Von Gerhard Eckert, 64 S., 37 Farbfotos, Pappband.
DM/Fr **12.80**
S **98,–**

Fondues und fritierte Leckerbissen. (0471) Von Stefanie Stein, 80 S., 8 Farbtafeln, kartoniert. — DM/Fr 6.80 / S 55,–

Fondues (5006) Von Eva Exner, 64 S., 50 Farbfotos, Pappband. — DM/Fr 11.80 / S 94,–

Der schön gedeckte Tisch (5005) Von Rolf Stender, 64 S., 60 Farbfotos, Pappband. — DM/Fr 11.80 / S 94,–

Falken-Kombi-Kochbuch Die Kochidee mit neuem Dreh **Fleischgerichte** (4099) Von Alfred Berliner, 48 S., 69 Farbfotos, Spiralbindung, Pappband. — DM/Fr 19.80 / S 158,–

Fischküche kalt und warm · mild und herzhaft. (5052) Von Heidrun Gebhardt, 64 S., 36 Farbfotos, Pappband. — DM/Fr 12.80 / S 98,–

Chinesisch kochen Rezepte für die häusliche Küche. (5011) Von Karl-Heinz Haß, 64 S., 36 Farbfotos, Pappband. — DM/Fr 11.80 / S 94,–

Chinesisch kochen mit dem WOK-Topf und dem Mongolen-Topf. (0557) Von Christiane Korn, 64 S., 8 Farbtafeln, kartoniert. — DM/Fr 7.80 / S 65,–

Dänische Küche Nordische Tafelfreuden. (5086) Von Holger Hofmann, 64 S., 39 Farbfotos, Pappband. — DM/Fr 11.80 / S 94,–

Deutsche Spezialitäten (5025) Von R. Piwitt, 64 S., 37 Farbfotos, Pappband. — DM/Fr 11.80 / S 94,–

Fondues · Raclettes · Flambiertes (4081) Von Renate Peiler und Marie-Louise Schult, 136 S., 15 Farbtafeln, 28 Zeichnungen, kartoniert. — DM/Fr 12.80 / S 98,–

Rezepte rund um Raclette und Hobby-Rechaud (0420) Von Jack W. Hochscheid, 72 S., 8 Farbtafeln, kartoniert. — DM/Fr 7.80 / S 65,–

Neue, raffinierte Rezepte mit dem Raclettegrill (0558) Von Lutz Helger, 56 S., 8 Farbtafeln, kartoniert. — DM/Fr 7.80 / S 65,–

Exotisches Obst und Gemüse Rezepte für Vorspeisen, Hauptgerichte und Desserts. (5114) Von Christiane Stephan, 64 S., 58 Farbfotos, Pappband. — DM/Fr 12.80 / S 98,–

Französisch kochen (5016) Von Margrit Gutta, 64 S., 35 Farbfotos, Pappband. — DM/Fr 11.80 / S 94,–

Italienische Küche (5026) Von Margrit Gutta 64 S., 35 Farbfotos, Pappband. — DM/Fr 12.80 / S 98,–

Japanische Küche schmackhaft und bekömmlich. (5087) Von Hiroko Toi, 64 S., 36 Farbfotos, Pappband. — DM/Fr 12.80 / S 98,–

Nordische Küche Speisen und Getränke von der Küste. (5082) Von Jutta Kürtz, 64 S., 44 Farbfotos, Pappband. — DM/Fr 11.80 / S 94,–

Ostasiatische Küche schmackhaft und bekömmlich. (5066) Von Taki Sozuki, 64 S., 39 Farbfotos, Pappband. — DM/Fr 11.80 / S 94,–

Portugiesische Küche und Weine Kulinarische Reise durch Portugal. (0607) Von Enrique Kasten, ca. 96 S., 16 Farbtafeln, kartoniert. Voraussichtl. Erscheinungstermin: Februar 1982. — ca.* DM/Fr 9.80 / S 78,–

Köstliche Pizzas, Toasts, Pasteten (5081) Von Anneliese und Gerhard Eckert, 64 S., 48 Farbfotos, Pappband. — DM/Fr 11.80 / S 94,–

Raffinierte Rezepte mit Oliven (5119) Von Lutz Helger, 64 S., 53 Farbfotos, 4 Zeichnungen, Pappband. — DM/Fr 14.80 / S 118,–

Kalte Platten (4064) Von Maître Pierre Pfister, 240 S., 135 großformatige Farbfotos, gebunden. — DM/Fr 48,– / S 384,–

Kalte Platten – Kalte Büfetts (5015) Von Margrit Gutta, 64 S., 34 Farbfotos, Pappband. — DM/Fr 11.80 / S 94,–

Kleine Kalte Küche für Alltag und Feste. (5097) Von Anneliese und Gerhard Eckert, 64 S., 45 Farbfotos, Pappband. — DM/Fr 11.80 / S 94,–

Kalte Happen und Partysnacks. (5029) Von Dolly Peters, 64 S., 35 Farbfotos, Pappband. — DM/Fr 11.80 / S 94,–

Salate (4119) Von Christine Schönherr, 240 S., 115 Farbfotos, gebunden, mit vierfarbigem Schutzumschlag. Voraussichtl. Erscheinungstermin: März 1982. — ca.* DM/Fr 48,– / S 384,–

Salate für alle Gelegenheiten. (5002) Von Elke Fuhrmann, 64 S., 47 Farbfotos, Pappband. — DM/Fr 11.80 / S 94,–

88 köstliche Salate Erprobte Rezepte mit Pfiff. (0222) Von Christine Schönherr, 104 S., 8 Farbtafeln, kartoniert. — DM/Fr 8.80 / S 70,–

Kuchen und Torten (5067) Von Klaus Groth, 64 S., 42 Farbfotos, Pappband. — DM/Fr 11.80 / S 94,–

Schönes Hobby: Backen Erprobte Rezepte mit modernen Backformen. (0451) Von Elke Blome, 96 S., 8 Farbtafeln, kartoniert. — DM/Fr 6.80 / S 55,–

Kleingebäck Plätzchen · Kekse · Guetzli. (5089) Von Margrit Gutta, 64 S., 50 Farbfotos, Pappband. — DM/Fr 11.80 / S 94,–

Waffeln süß und pikant. (0522) Von Christiane Stephan, 64 S., 4 Farbtafeln, kartoniert. — DM/Fr 6.80 / S 55,–

Gesundheit und Schönheit

Die Frau als Hausärztin (4072) Von Dr. med. Anna Fischer-Dückelmann, 808 S., 16 Farbtafeln, 174 s/w-Fotos, 238 Zeichnungen, gebunden.
DM/Fr 58,–
S 460,–

Backen (4113) Von Margrit Gutta, 240 S., 123 Farbfotos, gebunden.
DM/Fr 48,–
S 384,–

Brotspezialitäten backen und kochen. (5088) Von Jack W. Hochscheid und Lutz Helger, 64 S., 50 Farbfotos, Pappband.
DM/Fr 11.80
S 94,–

Selbst Brotbacken Über 50 erprobte Rezepte. (0370) Von Jens Schiermann, 80 S., 6 Zeichnungen, 4 Farbtafeln, kartoniert.
DM/Fr 6.80
S 55,–

Mixen mit und ohne Alkohol (5017) Von Holger Hofmann, 64 S., 35 Farbfotos, Pappband.
DM/Fr 11.80
S 94,–

Cocktails und Mixereien (0075) Von Jonny Walker, 104 S., 25 Zeichnungen, kartoniert.
DM/Fr 6.80
S 55,–

Neue Cocktails und Drinks mit und ohne Alkohol. (0517) Von Siegfried Späth, 128 S., 4 Farbtafeln, Pappband.
DM/Fr 9.80
S 78,–

Rund um den Rum Von der Feuerzangenbowle zum Karibiksteak. (5053) Von Holger Hofmann, 64 S., 32 Farbfotos, Pappband.
DM/Fr 12.80
S 98,–

Die besten Punsche, Grogs und Bowlen (0575) Von Friedel Dingden, 64 S., 2 Farbtafeln, kartoniert.
DM/Fr 6.80
S 55,–

Kaffee für Genießer (0492) Von Christiane Barthel, 88 S., 8 Farbtafeln, kartoniert.
DM/Fr 6.80
S 55,–

Heißgeliebter Tee Sorten, Rezepte und Geschichten. (4114) Von Curt Maronde, 153 S., 16 Farbtafeln, 93 Zeichnungen, gebunden.
DM/Fr 24.80
S 198,–

Tee für Genießer Sorten · Riten · Rezepte. (0356) Von Marianne Nicolin, 64 S., 4 Farbtafeln, kartoniert.
DM/Fr 5.80
S 49,–

Tee Herkunft · Mischungen · Rezepte. (0515) Von Sonja Ruske, 96 S., 4 Farbtafeln, viele Abbildungen, Pappband.
DM/Fr 9.80
S 78,–

Heiltees und Kräuter für die Gesundheit (4123) Von Gerhard Leibold, ca. 136 S., 15 Farbtafeln, kartoniert. Voraussichtl. Erscheinungstermin: März 1982.
ca.*
DM/Fr 12.8
S 98,–

Der praktische Hausarzt (4100) Von Dr. med. R. Jäkel, 608 S., 201 s/w-Fotos, 118 Zeichnungen, gebunden.
DM/Fr 24.8
S 198,–

Das große Hausbuch der Naturheilkunde (4052) Von Gerhard Leibold, 386 S., 18 Farbfotos, 8 s/w-Fotos, 196 Zeichnungen, gebunden.
DM/Fr 34,–
S 272,–

Autogenes Training Anwendung · Heilwirkungen · Methoden. (0541) Von Rolf Faller, 128 S., 3 Zeichnungen, kartoniert.
DM/Fr 9.80
S 78,–

Eigenbehandlung durch Akupressur Heilwirkungen – Energielehre – Meridiane. (0417) Von Gerhard Leibold, 152 S., 78 Abbildungen, kartoniert.
DM/Fr 9.80
S 78,–

Hypnose und Autosuggestion Methoden – Heilwirkungen – praktische Beispiele. (0483) Von Gerhard Leibold, 116 S., kartoniert.
DM/Fr 7.80
S 65,–

Tanz und Spiele für Bewegungsbehinderte Ein Anfängerkurs für alle, die mitmachen wollen. Empfohlen vom Bundesverband für Tanztherapie e.V. (0581) Von Wally Kaechele, 96 S., 105 s/w-Fotos, 9 Zeichnungen, kartoniert, Spiralbindung.
DM/Fr 19.8
S 158,–

Die Brot-Diät ein Schlankheitsplan ohne Extreme. (0452) Von Prof. Dr. Erich Menden und Waltraute Aign, 92 S., 8 Farbtafeln, kartoniert.
DM/Fr 6.80
S 55,–

Neue Rezepte für Diabetiker-Diät Vollwertig-abwechslungsreich-kalorienarm (0418) Von Monika Oehlrich, 120 S., 8 Farbtafeln, kartoniert.
DM/Fr 9.80
S 78,–

Wer schlank ist, lebt gesünder Tips und Rezepte zum Schlankwerden und -bleiben. (0562) Von Renate Mainer, 80 S., 8 Farbtafeln, kartoniert.
DM/Fr 7.80
S 65,–

Die 4444-Joule-Diät Schlankessen mit Genuß. (0530) Von Hans J. Fahrenkamp, 160 S., 8 Farbtafeln, kartoniert.
DM/Fr 9.8
S 78,–

Rohkost abwechslungsreich · schmackhaft · gesund. (5044) Von Ingrid Gabriel, 64 S., 40 Farbfotos, Pappband.
DM/Fr 12.8
S 98,–

Alles mit Joghurt tagfrisch selbstgemacht mit vielen Rezepten. (0382) Von Gerda Volz, 88 S., 8 Farbtafeln, kartoniert.
DM/Fr 7.8
S 65,–

Falken-Handbuch Heilkräuter Modernes Lexikon der Pflanzen und Anwendungen. (4076) Von Gerhard Leibold, 392 S., 183 Farbfotos, gebunden.
DM/Fr 36,–
S 288,–

Kalorien – Joule Eiweiß · Fett · Kohlenhydrate tabellarisch nach gebräuchlichen Mengen. (0374) Von Marianne Bormio, 88 S., kartoniert.
DM/Fr 4.8
S 39,–

Schönheitspflege Kosmetische Tips für jeden Tag. (0493) Von Heide Zander, 180 S., 25 Abbildungen, kartoniert.
DM/Fr 7.8
S 65,–

10 Minuten täglich Tele-Gymnastik (5102) Von Beate Manz und Kafi Biermann, 128 S., 381 Abbildungen, kartoniert.	DM/Fr 12.80 S 98,–
Gesund und fit durch Gymnastik (0366) Von Hannelore Pilss-Samek, 132 S., 150 Abbildungen, kartoniert.	DM/Fr 7.80 S 65,–
Yoga für jeden (0341) Von Kareen Zebroff, 156 S., 135 Abbildungen, kartoniert.	DM/Fr 20.– S 160,–
Gesundheit und Spannkraft durch Yoga (0321) Von Lothar Frank und Ursula Ebbers, 112 S., 50 s/w-Fotos, kartoniert.	DM/Fr 7.80 S 65,–
Yoga gegen Haltungsschäden und Rückenschmerzen (0394) Von Alois Raab, 104 S., 215 Abbildungen, kartoniert.	DM/Fr 6.80 S 55,–

Briefsteller

Moderne Korrespondenz (4014) Von Hans Kirst und Wolfgang Manekeller, 568 S., gebunden.	DM/Fr 39,– S 312,–
Der neue Briefsteller (0060) Von I. Wolter-Rosendorf, 112 S., kartoniert.	DM/Fr 5.80 S 49,–
Geschäftliche Briefe des Privatmanns, Handwerkers und Kaufmanns. (0041) Von Alfred Römer, 96 S., kartoniert.	DM/Fr 5.80 S 49,–
Behördenkorrespondenz Musterbriefe – Anträge – Einsprüche. (0412) Von Elisabeth Ruge, 120 S., kartoniert.	DM/Fr 6.80 S 55,–
Musterbriefe für alle Gelegenheiten. (0231) Herausgegeben von Olaf Fuhrmann, 240 S., kartoniert.	DM/Fr 9.80 S 78,–
Privatbriefe Muster für alle Gelegenheiten. (0114) Von Irmgard Wolter-Rosendorf, 132 S., kartoniert.	DM/Fr 6.80 S 55,–
Worte und Briefe der Anteilnahme (0464) Von Elisabeth Ruge, 120 S., mit vielen Abbildungen, kartoniert.	DM/Fr 6.80 S 55,–
Großes Buch der Reden und Ansprachen für jeden Anlaß. (4009) Herausgegeben von F. Sicker, 454 S., Lexikonformat, gebunden.	DM/Fr 39,– S 312,–
Die Redekunst · Rhetorik · Rednererfolg (0076) Von Kurt Wolter, überarbeitet von Dr. W. Tappe, 80 S., kartoniert.	DM/Fr 4.80 S 39,–
Festreden und Vereinsreden Ansprachen für festliche Gelegenheiten. (0069) Von K. Lehnhoff und E. Ruge, 88 S., kartoniert.	DM/Fr 4.80 S 39,–
In Anerkennung Ihrer..., Lob und Würdigung in Briefen und Reden (0535) Von Hans Friedrich, 136 S., kartoniert.	DM/Fr 7.80 S 65,–
Erfolgreiche Kaufmannspaxis Wirtschaftliche Grundlagen, Geld, Kreditwesen, Steuern, Betriebsführung, Recht, EDV. (4046) Von Wolfgang Göhler, Herbert Gölz, Manfred Heibel, Dr. Detlev Machenheimer, mit einem Vorwort von Dr. Karl Obermayer, 544 S., gebunden.	DM/Fr 34,– S 272,–
Erfolgreiche Bewerbungsbriefe und Bewerbungsformen. (0138) Von W. Manekeller, 88 S., kartoniert.	DM/Fr 4.80 S 39,–
Die erfolgreiche Bewerbung Bewerbung und Vorstellung. (0173) Von Wolfgang Manekeller, 156 S., kartoniert.	DM/Fr 8.80 S 70,–
Lebenslauf und Bewerbung Beispiele für Inhalt, Form und Aufbau. (0428) Von Hans Friedrich, 112 S., kartoniert.	DM/Fr 5.80 S 49,–
Zeugnisse im Beruf richtig schreiben richtig verstehen. (0544) Von Hans Friedrich, 112 S., kartoniert.	DM/Fr 9.80 S 78,–

Fortbildung und Beruf

Schülerlexikon der Mathematik Formeln, Übungen und Begriffserklärungen für die Klassen 5-10. (0430) Von Robert Müller, 176 S., 96 Zeichnungen, kartoniert.	DM/Fr 9.80 S 78,–
Mathematische Formeln für Schule und Beruf Mit Beispielen und Erklärungen. (0499) Von Robert Müller, 156 S., 210 Zeichnungen, kartoniert.	DM/Fr 9.80 S 78,–
Rechnen aufgefrischt für Schule und Beruf. (0100) Von Helmut Rausch, 144 S., kartoniert.	DM/Fr 6.80 S 55,–
Buchführung leicht gefaßt. Ein Leitfaden für Handwerker und Gewerbetreibende. (0127) Von H.R. Pohl, 104 S., kartoniert.	DM/Fr 7.80 S 65,–
So lernt man leicht und schnell Maschinenschreiben (0568) Lehrbuch für Selbstunterricht und Kurse. Von Jean W. Wagner, 80 S., 31 s/w-Fotos, 36 Zeichnungen, kartoniert, Spiralbindung.	DM/Fr 19.80 S 158,–
Maschinenschreiben durch Selbstunterricht Teil 1. (0170) Von A. Fonfara, 84 S., mit vielen Abbildungen, kartoniert.	DM/Fr 5.80 S 49,–
Maschinenschreiben durch Selbstunterricht Teil 2. (0252) Von Hanns Kaus, 84 S., kartoniert.	DM/Fr 5.80 S 49,–
Stenografie – leicht gemacht im Kursus oder Selbstunterricht. (0266) Von Hanns Kaus, 64 S., kartoniert.	DM/Fr 5.80 S 49,–
Mehr richtig lernen in der Schule und Beruf Besseres Deutsch mit Übungen und Beispielen für: Rechtschreibung, Diktate, Zeichensetzung, Aufsätze, Grammatik, Literaturbetrachtung, Stil, Briefe, Fremdwörter, Reden. (4115) Von Kurt Schreiner, 444 S., 7 s/w-Fotos, 27 Zeichnungen, Pappband.	DM/Fr 29.80 S 238,–
Richtiges Deutsch Rechtschreibung · Zeichensetzung · Grammatik · Stilkunde. (0551) Von Kurt Schreiner, 128 S., kartoniert.	DM/Fr 9.80 S 78,–
Aufsätze besser schreiben Förderkurs für die Klassen 4-10. (0429) Von Kurt Schreiner, 144 S., 4 s/w-Fotos, 27 Zeichnungen, kartoniert.	DM/Fr 9.80 S 78,–
Diktate besser schreiben Übungen zur Rechtschreibung für die Klassen 4-8. (0469) Von Kurt Schreiner, 149 S., kartoniert.	DM/Fr 9.80 S 78,–

Glückwünsche

Großes Buch der Glückwünsche (0255) Herausgegeben von Olaf Fuhrmann, 240 S., 64 Zeichnungen und viele Gestaltungsvorschläge, kartoniert.	DM/Fr 9.80 S 78,–
Neue Glückwunschfibel für Groß und Klein. (0156) Von Reneé Christian-Hildebrandt, 96 S., kartoniert.	DM/Fr 4.80 S 39,–
Glückwunschverse für Kinder (0277) Von Bettina Ulrici, 80 S., kartoniert.	DM/Fr 4.80 S 39,–
Verse fürs Poesiealbum (0241) Von Irmgard Wolter, 96 S., 20 Abbildungen, kartoniert.	DM/Fr 4.80 S 39,–
Rosen, Tulpen, Nelken... Beliebte Verse fürs Poesiealbum (0431) Von Waltraud Pröve, 96 S., mit Faksimile-Abbildungen, kartoniert.	DM/Fr 5.80 S 49,–
Von der Verlobung zur Goldenen Hochzeit Vorbereitung · Festgestaltung · Glückwünsche (0393) Von Elisabeth Ruge, 120 S., kartoniert.	DM/Fr 6.80 S 55,–
Hochzeitszeitungen Muster, Tips und Anregungen. (0288) Von Hans-Jürgen-Winkler, mit vielen Text- und Gestaltungsanregungen, 116 S., 15 Abbildungen, 1 Musterzeitung, kartoniert.	DM/Fr 6.80 S 55,–

Die Silberhochzeit Vorbereitung · Einladung · Geschenkvorschläge · Festablauf · Menüs · Reden · Glückwünsche. (0542) Von Karin F. Merkle, 120 S., 41 Zeichnungen, kartoniert.	DM/Fr **9.80** S 78,–
Poesiealbumverse Heiteres und Besinnliches. (0578) Von Anne Göttling, 112 S., 20 Abbildungen, Pappband.	DM/Fr **14.80** S 118,–
Kindergedichte zur Grünen, Silbernen und Goldenen Hochzeit (0318) Von Hans-Jürgen Winkler, 104 S., 20 Abbildungen, kartoniert.	DM/Fr **5.80** S 49,–
Ins Gästebuch geschrieben (0576) Von Kurt H. Trabeck, 96 S., 24 Zeichnungen, kartoniert.	DM/Fr **7.80** S 65,–
Trinksprüche, Richtsprüche, Gästebuchverse (0224) Von Dieter Kellermann, 80 S., kartoniert.	DM/Fr **4.80** S 39,–

Deutsch für Ausländer

Deutsch für Ausländer im Selbstunterricht Ausgabe für Spanier (0253) Von Juan Manuel Puente und Ernst Richter, 136 S., 62 Zeichnungen, kartoniert.	DM/Fr **9.80** S 78,–
Ausgabe für Italiener (0254) Von Italo Nadalin und Ernst Richter, 156 S., 62 Zeichnungen, kartoniert.	DM/Fr **9.80** S 78,–
Ausgabe für Jugoslawen (0261) Von I. Hladek und Ernst Richter, 132 S., 62 Zeichnungen, kartoniert.	DM/Fr **9.80** S 78,–
Ausgabe für Türken (0262) Von B.I. Rasch und Ernst Richter, 136 S., 62 Zeichnungen, kartoniert.	DM/Fr **9.80** S 78,–
Deutsch – Ihre neue Sprache. Grundbuch (0327) Von H.J. Demetz und J.M. Puente, 204 S., mit über 200 Abbildungen, kartoniert.	DM/Fr **14.80** S 118,–
Glossar Italienisch (0329) Von H.J. Demetz und J.M. Puente, 74 S., kartoniert.	DM/Fr **9.80** S 78,–
In gleicher Ausstattung: **Glossar Spanisch** (0330)	DM/Fr **9.80** S 78,–
Glossar Serbokroatisch (0331)	DM/Fr **9.80** S 78,–
Glossar Türkisch (0332)	DM/Fr **9.80** S 78,–
Glossar Arabisch (0335)	DM/Fr **9.80** S 78,–
Glossar Englisch (0336)	DM/Fr **9.80** S 78,–
Glossar Französisch (0337)	DM/Fr **9.80** S 78,–
Deutsch – Ihre neue Sprache (0339) 2 Kompakt-Kassetten.	DM/Fr **36,–** S 288,–
Das Deutschbuch Ein Sprachprogramm für Ausländer, Erwachsene und Jugendliche. Autorenteam: Juan Manuel Puente, Hans-Jürgen Demetz, Sener Sargut, Marianne Spohner.	
Grundbuch Jugendliche (4915) Von Puente, Demetz, Sargut, Spohner, Hirschberger, Kersten, von Stolzenwaldt, 256 S., durchgehend zweifarbig, kartoniert.	DM/Fr **19.80** S 158,–
Grundbuch Erwachsene (4901) Von Puente, Demetz, Sargut, Spohner, 292 S., durchgehend zweifarbig, kartoniert.	DM/Fr **24.80** S 198,–
Arbeitsheft zum Grundbuch Erwachsene und Jugendliche. (4903) Von Puente, Demetz, Sargut, Spohner, 160 S., durchgehend zweifarbig, kartoniert.	DM/Fr **16.8** S 134,–
Aufbaukurs (4902) Von Puente, Sargut, Spohner, 230 S., durchgehend zweifarbig, kartoniert.	DM/Fr **22.8** S 182,–
Lehrerhandbuch Grundbuch Erwachsene (4904) 144 S., kartoniert.	DM/Fr **14.8** S 118,–
Lehrerhandbuch Grundbuch Jugendliche (4929) 120 S., kartoniert.	DM/Fr **14.8** S 118,–
Lehrerhandbuch Aufbaukurs (4930) 64 S., kartoniert.	DM/Fr **9.8C** S 78,–
Glossare Erwachsene. **Türkisch** (4906) 100 S., kartoniert.	DM/Fr **9.8C** S 78,–
Englisch (4912) 100 S., kartoniert.	DM/Fr **9.8C** S 78,–
Französisch (4911) 104 S., kartoniert.	DM/Fr **9.8C** S 78,–
Spanisch (4909) 98 S., kartoniert.	DM/Fr **9.8C** S 78,–
Italienisch (4908) 100 S., kartoniert.	DM/Fr **9.8C** S 78,–
Serbokroatisch (4914) 100 S., kartoniert.	DM/Fr **9.8C** S 78,–
Griechisch (4907) 102 S., kartoniert.	DM/Fr **9.8C** S 78,–
Portugiesisch (4910) 100 S., kartoniert.	DM/Fr **9.8C** S 78,–
Polnisch (4913) 102 S., kartoniert.	DM/Fr **9.8C** S 78,–
Arabisch (4905) 100 S., kartoniert.	DM/Fr **9.8C** S 78,–
Glossare Jugendliche Türkisch (4927) 105 S., kartoniert.	DM/Fr **9.8C** S 78,–
In Vorbereitung Glossare Jugendliche: Italienisch, Spanisch, Serbokroatisch, Griechisch.	
Tonband Grundbuch Erwachsene (4916) Ø 18 cm.	DM/Fr **125** S 1000,–
Tonband Grundbuch Jugendliche (4917) Ø 18 cm.	DM/Fr **125,** S 1000,–
Tonband Aufbaukurs (4918) Ø 18 cm.	DM/Fr **125** S 1000,–
Tonband Arbeitsheft (4919) Ø 18 cm.	DM/Fr **89,–** S 712,–
Kassetten Grundbuch Erwachsene (4920) 2 St. à 90 min. Laufzeit.	DM/Fr **39,–** S 312,–
Kassetten Grundbuch Jugendliche (4921) 2 St. à 90 min. Laufzeit.	DM/Fr **39,–** S 312,–
Kassetten Aufbaukurs (4922) 2 St. à 90 min. Laufzeit.	DM/Fr **39,–** S 312,–
Kassette Arbeitsheft (4923) 60 min. Laufzeit.	DM/Fr **19.8** S 158,–

Overheadfolien Grundbuch Erwachsene (4924) 60 St. — DM/Fr 159,– / S 1270,–

Overheadfolien Grundbuch Jugendliche (4925) 59 St. — DM/Fr 159,– / S 1270,–

Overheadfolien Aufbaukurs (4931) 54 St. — DM/Fr 159,– / S 1270,–

Diapositive Grundbuch Erwachsene (4926) 300 St. — DM/Fr 398,– / S 3184,–

Bildkarten zum Grundbuch Jugendliche und Erwachsene, (4928) 200 St. — DM/Fr 159,– / S 1270,–

Denksport

Denksport und Schnickschnack für Tüftler und fixe Köpfe. (0362) Von Jürgen Barto, 100 S., 45 Abbildungen, kartoniert. — DM/Fr 6.80 / S 55,–

Quiz Mehr als 1500 ernste und heitere Fragen aus allen Gebieten. (0129) Von R. Sautter und W. Pröve, 92 S., 9 Abbildungen, kartoniert. — DM/Fr 5.80 / S 49,–

Der große Rätselknacker Über 100.000 Rätselfragen. (4022) Zusammengestellt von H.J. Winkler, 544 S., kartoniert. — DM/Fr 19.80 / S 158,–

Großes Rätsel-ABC (0246) Von H. Schiefelbein, 416 S., Pappband. — DM/Fr 16.80 / S 134,–

Rätsel lösen – ein Vergnügen Ein Lexikon für Rätselfreunde. (0182) Von Erich Maier, 240 S., kartoniert. — DM/Fr 9.80 / S 78,–

Der Würfel Lösungswege (0565) Von Josef Trajber, 144 S., 887 Diagramme, kartoniert. — DM/Fr 6.80 / S 55,–

Als Pappband. — DM/Fr 12.80 / S 98,–

Der Würfel für Fortgeschrittene Neue Züge · Neue Muster · 3-D-Logik. Mit Lösungswegen für Walzenwürfel und Teufelstonne. (0590) Von Josef Trajber, 144 S., 879 Diagramme, kartoniert. — DM/Fr 6.80 / S 55,–

Zauberturm, Teufelstonne und magische Pyramide (0606) Von Michael Mrowka, Wolfgang Weber, 128 S., 525 Zeichnungen, kartoniert. — DM/Fr 6.80 / S 55,–

Die Zauberschlange (0609) Von Michael Balfour, 96 S., 170 Zeichnungen, kartoniert. — DM/Fr 6.80 / S 55,–

Rätselspiele, Quiz- und Scherzfragen für gesellige Stunden. (0577) Von K.H. Schneider, 168 S., über 100 Zeichnungen, Pappband. — DM/Fr 16.80 / S 134,–

Rate mal Scherzfragen, Ratespiele und -geschichten. (2023) Von Felicitas Buttig, 112 S., 19 Zeichnungen, kartoniert. — DM/Fr 9.80 / S 78,–

Knobeleien und Denksport (2019) Von Klas Rechberger, 142 S., mit vielen Zeichnungen, kartoniert. — DM/Fr 7.80 / S 65,–

Geselligkeit

Die schönsten Wander- und Fahrtenlieder (0462) Herausgegeben von Franz R. Miller, empfohlen vom Deutschen Sängerbund, 80 S., mit Noten und Zeichnungen, kartoniert. — DM/Fr 5.80 / S 49,–

Die schönsten Volkslieder (0432) Herausgegeben von Dietmar Walther, 128 S., mit Noten und Zeichnungen, kartoniert. — DM/Fr 4.80 / S 39,–

Die schönsten Berg- und Hüttenlieder (0514) Herausgegeben von Franz R. Miller, empfohlen vom Deutschen Sängerbund, 104 S., mit Noten und Zeichnungen, kartoniert. — DM/Fr 5.80 / S 49,–

Wir lernen tanzen Standard- und lateinamerikanische Tänze. (0200) Von Ernst Fern, 168 S., 118 s/w-Fotos, 47 Zeichnungen, kartoniert. — DM/Fr 9.80 / S 78,–

Tanzstunde 1 Die 11 Tänze des Welttanzprogrammes. (5018) Von Gerd Hädrich, 120 S., 372 s/w-Fotos und Schrittskizzen, Pappband. — DM/Fr 15,– / S 120,–

Disco-Tänze (0491) Von Barbara und Felicitas Weber, 104 S., 104 Abbildungen, kartoniert. — DM/Fr 6.80 / S 55,–

So tanzt man Rock'n'Roll Grundschritte · Figuren · Akrobatik. (0573) Von Wolfgang Steuer und Gerhard Marz, 224 S., 303 Abbildungen, kartoniert. — DM/Fr 16.80 / S 134,–

Wir geben eine Party (0192) Von Elisabeth Ruge, 88 S., 8 Farbtafeln, 23 Zeichnungen, kartoniert. — DM/Fr 6.80 / S 55,–

Neue Spiele für Ihre Party (2022) Von Gerda Blechner, 120 S., 54 Zeichnungen von Fee Buttig, kartoniert. — DM/Fr 7.80 / S 65,–

Partytänze · Partyspiele (5049) Von Wally Kaechele, 94 S., 104 Farbfotos, herausgegeben von der „tanzillustrierten", Pappband. — DM/Fr 12.80 / S 98,–

Lustige Tanzspiele und Scherztänze für Parties und Feste. (0165) Von E. Bäulke, 80 S., 53 Abbildungen, kartoniert. — DM/Fr 4.80 / S 39,–

Der Gute Ton Ein moderner Knigge. (0063) Von Irmgard Wolter, 168 S., 338 Zeichnungen, kartoniert. — DM/Fr 7.80 / S 65,–

Tischkarten und Tischdekorationen (5063) Von Gabriele Vocke, 64 S., 79 Farbfotos, Pappband. — DM/Fr 12.80 / S 98,–

Reden zum Jubiläum Musteransprachen für viele Gelegenheiten. (0595) Von Günter Georg, ca. 96 S., kartoniert. Voraussichtl. Erscheinungstermin: März 1982. — ca.* DM/Fr 6.80 / S 55,–

Humor

Vergnügliches Vortragsbuch (0091) Von Joseph Plaut, 192 S., kartoniert. — DM/Fr 7.80 / S 65,–

Lachen, Witz und gute Laune Lustige Texte für Ansagen und Vorträge. (0149) Von Erich Müller, 104 S., 44 Abbildungen, kartoniert. — DM/Fr 6.80 / S 55,–

Vergnügliche Sketche (0476) Von Horst Pillau, 96 S., mit lustigen Zeichnungen, kartoniert. — DM/Fr 6.80 / S 55,–

Heitere Vorträge (0528) Von Erich Müller, 182 S., 14 Zeichnungen, kartoniert. — DM/Fr 9.80 / S 78,–

Die große Lachparade Neue Texte für heitere Vorträge und Ansagen. (0188) Von Erich Müller, 108 S., kartoniert. — DM/Fr 6.80 / S 55,–

So feiert man Feste fröhlich Heitere Vorträge und Gedichte. (0098) Von Dr. Allos, 96 S., 15 Abbildungen, kartoniert. — DM/Fr 5.80 / S 49,–

Fidelitas und Trallala Vorschläge zur Gestaltung fröhlicher Abende. (0120) Von Dr. Allos, 104 S., viele Abbildungen, kartoniert. — DM/Fr 7.80 / S 65,–

Lustige Vorträge für fröhliche Feiern Sketche, Vorträge und Conferencen für Karneval und fröhliche Feste. (0284) Von Karl Lehnhoff, 96 S., kartoniert. — DM/Fr 6.80 / S 55,–

Humor und Stimmung Ein heiteres Vortragsbuch. (0460) Von Günter Wagner, 112 S., kartoniert. — DM/Fr 6.80 / S 55,–

Tolle Sachen zum Schmunzeln und Lachen Lustige Ansagen und Vorträge. (0163) Von Erich Müller, 92 S., kartoniert. — DM/Fr 6.80 / S 55,–

Humor für jedes Ohr Fidele Sketche und Ansagen. (0157) Von Heinz Ehnle, 96 S., kartoniert. — DM/Fr 6.80 / S 55,–

Sketche und spielbare Witze für bunte Abende und andere Feste. (0445) Von Hartmut Friedrich, 120 S., 7 Zeichnungen, kartoniert. — DM/Fr 6.80 / S 55,–

Sketche Kurzspiele zu amüsanter Unterhaltung. (0247) Von Margarete Gering, 132 S., 16 Abbildungen, kartoniert. — DM/Fr 6.80 / S 55,–

Non Stop Nonsens Sketche und Witze mit Spielanleitungen. (0511) Von Dieter Hallervorden, 160 S., gebunden.
DM/Fr 14.80
S 118,–

Dalli-Dalli-Sketche aus dem heiteren Ratespiel von und mit Hans Rosenthal. (0527) Von Horst Pillau, 144 S., 18 Zeichnungen, kartoniert.
DM/Fr 9.80
S 78,–

Gereimte Vorträge für Bühne und Bütt. (0567) Von Günter Wagner, 96 S., kartoniert.
DM/Fr 7.80
S 65,–

Narren in der Bütt Leckerbissen aus dem rheinischen Karneval. (0216) Zusammengestellt von Theo Lücker, 112 S., kartoniert.
DM/Fr 6.80
S 55,–

Rings um den Karneval Karnevalsscherze und Büttenreden. (0130) Von Dr. Allos, 136 S., kartoniert.
DM/Fr 6.80
S 55,–

Helau + Alaaf Närrisches aus der Bütt. (0304) Von Erich Müller, 112 S., kartoniert.
DM/Fr 6.80
S 55,–

Helau + Alaaf 2 Neue Büttenreden: (0477) Von Edmund Luft, 104 S., kartoniert.
DM/Fr 7.80
S 65,–

Damen in der Bütt Scherze, Büttenreden, Sketche. (0354) Von Traudi Müller, 136 S., kartoniert.
DM/Fr 6.80
S 55,–

Die besten Witze und Cartoons des Jahres 1 (0454) Herausgegeben von Karl Hartmann, 288 S., 125 Zeichnungen, gebunden.
DM/Fr 14.80
S 118,–

Die besten Witze und Cartoons des Jahres 2 (0488) Herausgegeben von Karl Hartmann, 288 S., 148 Zeichnungen, gebunden.
DM/Fr 14.80
S 118,–

Die besten Witze und Cartoons des Jahres 3 (0524) Herausgegeben von Karl Hartmann, 288 S., 105 Zeichnungen, Pappband.
DM/Fr 14.80
S 118,–

Die besten Witze und Cartoons des Jahres 4 (0579) Herausgegeben von Karl Hartmann, 288 S., 140 Zeichnungen, Pappband.
DM/Fr 14.80
S 118,–

Das große Buch der Witze (0384) Von E. Holz, 320 S., 36 Zeichnungen, gebunden.
DM/Fr 16.80
S 134,–

Witze am laufenden Band (0461) Von Fips Asmussen, 118 S., kartoniert.
DM/Fr 5.80
S 49,–

Witzig, witzig (0507) Von Erich Müller, 128 S., 16 Zeichnungen, kartoniert.
DM/Fr 5.80
S 49,–

Die besten Ärztewitze (0399) Zusammengestellt von Britta Zorn, 272 S., mit 42 Karikaturen von Ulrich Fleischhauer, kartoniert.
DM/Fr 14.80
S 118,–

Die besten Beamtenwitze (0574) Herausgegeben von Waltraud Pröve, 112 S., 61 Cartoons, kartoniert.
DM/Fr 5.80
S 49,–

Horror zum Totlachen **Gruselwitze** (0536) Von Franz Lautenschläger, 96 S., 44 Zeichnungen, kartoniert.
DM/Fr 5.80
S 49,–

Ich lach mich kaputt! Die besten Kinderwitze (0545) Von Erwin Hannemann, 128 S., 15 Zeichnungen, kartoniert.
DM/Fr 5.80
S 49,–

Lach mit! Witze für Kinder, gesammelt von Kindern. (0468) Herausgegeben von Waltraud Pröve, 128 S., 17 Zeichnungen, kartoniert.
DM/Fr 5.80
S 49,–

Olympische Witze Sportlerwitze in Wort und Bild. (0505) Von Wolfgang Willnat, 112 S., 126 Zeichnungen, kartoniert.
DM/Fr 5.80
S 49,–

Lach mit den Schlümpfen (0610) Von Peyo, 64 S., ca. 100 Zeichnungen, kartoniert.
DM/Fr 6.80
S 55,–

Die besten Ostfriesenwitze (0495) Herausgegeben von Onno Freese, 112 S., 17 Zeichnungen, kartoniert.
DM/Fr 5.80
S 49,–

Die besten Tierwitze (0496) Herausgegeben von Peter Hartlaub und Silvia Pappe, 112 S., 25 Zeichnungen, kartoniert.
DM/Fr 5.80
S 49,–

Herrenwitze (0589) Von Georg Wilhelm, ca. 112 S., ca. 30 Zeichnungen, kartoniert.
DM/Fr 5.80
S 49,–

Fred Metzlers Witze mit Pfiff (0368) Von Fred Metzler, 120 S., kartoniert.
DM/Fr 5.80
S 49,–

O frivol ist mir am Abend Pikante Witze von Fred Metzler. (0388) Von Fred Metzler, 128 S., mit Karikaturen, kartoniert.
DM/Fr 5.80
S 49,–

Robert Lembkes Witzauslese (0325) Von Robert Lembke, 160 S., mit 10 Zeichnungen von E. Köhler, gebunden.
DM/Fr 14.80
S 118,–

Wilhelm-Busch-Album Jubiläumsausgabe mit 1700 farbigen Bildern. (3028) 408 S., Großformat, gebunden.
DM/Fr 39,–
S 312,–

Spielen

Kartenspiele (2001) Von Claus D. Grupp, 144 S., kartoniert.
DM/Fr 7.80
S 65,–

Neues Buch der siebzehn und vier Kartenspiele (0095) Von Karl Lichtwitz, 96 S., kartoniert.
DM/Fr 6.80
S 55,–

Falken-Handbuch Bridge Von den Grundregeln zum Turniersport. (4092) Von Wolfgang Voigt und Karl Ritz, 276 S., 792 Zeichnungen, gebunden.
DM/Fr 39,–
S 312,–

Spielend Bridge lernen (2012) Von Josef Weiss, 108 S., kartoniert.
DM/Fr 7.80
S 65,–

Spieltechnik im Bridge (2004) Victor Mollo und Nico Gardener, deutsche Adaption von Dirk Schröder, 216 S., kartoniert.
DM/Fr 16.80
S 134,–

Besser Bridge spielen Reiztechnik, Spielverlauf und Gegenspiel. (2026) Von Josef Weiss, 143 S., mit vielen Diagrammen, kartoniert.
DM/Fr 14.80
S 118,–

Alles über Pokern Regeln und Tricks. (2024) Von Claus D. Grupp, 120 S., 29 Kartenbilder, kartoniert.
DM/Fr 6.80
S 55,–

Romeé und Canasta in allen Variationen (2025) Von Claus D. Grupp, 124 S., 24 Zeichnungen, kartoniert.
DM/Fr 7.80
S 65,–

Schafkopf, Doppelkopf, Binokel, Cego, Gaigel, Jaß, Tarock und andere „Lokalspiele". (2015) Von Claus D. Grupp, 152 S., kartoniert.
DM/Fr 9.80
S 78,–

Gesellschaftsspiele für drinnen und draußen. (2006) Von Heinz Görz, 128 S., kartoniert. — DM/Fr **6.80** / S 55,–

Spielen mit Rudi Carell 113 Spiele für Party und Familie. (2014) Von Rudi Carell, 160 S., 50 Abbildungen, gebunden. — DM/Fr **14.80** / S 118,–

Spiele für Theke und Stammtisch (2021) Von Claus D. Grupp, 104 S., 27 Zeichnungen, kartoniert. — DM/Fr **6.80** / S 55,–

Roulette richtig gespielt Systemspiele, die Vermögen brachten. (0121) Von M. Jung, 96 S., zahlreiche Tabellen, kartoniert. — DM/Fr **6.80** / S 55,–

Glücksspiele mit Kugel, Würfel und Karten. (2013) Von Claus D. Grupp, 116 S., kartoniert. — DM/Fr **9.80** / S 78,–

Würfelspiele für jung und alt. (2007) Von Friedrich Puss, 112 S., kartoniert. — DM/Fr **7.80** / S 65,–

Mini-Spiele für unterwegs und überall. (2016) Von Irmgard Wolter, 152 S., kartoniert. — DM/Fr **9.80** / S 78,–

Backgammon für Anfänger und Könner. (2008) Von G.W. Fink und G. Fuchs, 116 S., 41 Abbildungen, kartoniert. — DM/Fr **9.80** / S 78,–

Dame Das Brettspiel in allen Variationen. (2028) Von Claus D. Grupp, 104 S., viele Diagramme, kartoniert. — DM/Fr **9.80** / S 78,–

Das japanische Brettspiel GO (2020) Von Winfried Dörholt, 104 S., 182 Diagramme, kartoniert. — DM/Fr **9.80** / S 78,–

Das Skatspiel Eine Fibel für Anfänger. (0206) Von Karl Lehnhoff, überarbeitet von P.A. Höfges, 96 S., kartoniert. — DM/Fr **5.80** / S 49,–

Alles über Skat (2005) Von Günter Kirschbach, 144 S., kartoniert. — DM/Fr **8.80** / S 70,–

Patiencen in Wort und Bild. (2003) Von Irmgard Wolter, 104 S., kartoniert. — DM/Fr **7.80** / S 65,–

Kartentricks (2010) Von T.A. Rosee, 80 S., 13 Zeichnungen, kartoniert. — DM/Fr **6.80** / S 55,–

Neue Kartentricks (2027) Von Klaus Pankow, 104 S., 20 Abbildungen, kartoniert. — DM/Fr **7.80** / S 65,–

Mah-Jongg Das chinesische Glücks-, Kombinations- und Gesellschaftsspiel. (2030) Von Ursula Eschenbach, ca. 80 S., 25 Fotos, kartoniert. — DM/Fr **9.80** / S 78,–

Falken-Handbuch Zaubern Über 400 verblüffende Tricks. (4063) Von Friedrich Stutz, 368 S., über 1200 Zeichnungen, gebunden. — DM/Fr **29.80** / S 238,–

Zaubertricks Das große Buch der Magie. (0282) Von Jochen Zmeck, 244 S., 113 Abbildungen, kartoniert. — DM/Fr **14.80** / S 118,–

Zaubern einfach – aber verblüffend. (2018) Von Dieter Bouch, 84 S., mit Zeichnungen, kartoniert. — DM/Fr **5.80** / S 49,–

Kinderbeschäftigung

Das farbige Kinderlexikon von A–Z (4059) Herausgegeben von Felicitas Buttig, 392 S., 386 farbige Abbildungen, Pappband. — DM/Fr **29.80** / S 238,–

Punkt, Punkt, Komma, Strich (0564) Zeichenstunden für Kinder. Von Hans Witzig, 144 S., über 250 Zeichnungen, kartoniert. — DM/Fr **6.80** / S 55,–

Einmal grad und einmal krumm Zeichenstunden für Kinder. (0599) Von Hans Witzig, ca. 500 Zeichnungen, kartoniert. Voraussichtl. Erscheinungstermin: März 1982. — ca.* DM/Fr **6.80**

Scherzfragen, Drudel und Blödeleien gesammelt von Kindern. (0506) Herausgegeben von Waltraud Pröve, 112 S., 57 Zeichnungen, kartoniert. — DM/Fr **5.80** / S 49,–

Kartenspiele für Kinder (0533) Von Claus D. Grupp, 136 S., 24 Abbildungen, kartoniert. — DM/Fr **6.80** / S 55,–

Kinder lernen spielend backen (5110) Von Margrit Gutta, 64 S., 50 Farbfotos, Pappband. — DM/Fr **11.80** / S 94,–

Kinder lernen spielend kochen (5096) Von Margrit Gutta, 64 S., 45 Farbfotos, Pappband. — DM/Fr **11.80** / S 94,–

Lirum, Larum, Löffelstiel Ein Kinder-Kochkurs. (5007) Von Ingeborg Becker, 64 S., mit vielen farbigen Abbildungen, Spiralbindung. — DM/Fr **9.80** / S 78,–

Kinderspiele die Spaß machen. (2009) Von Helen Müller-Stein, 112 S., 28 Abbildungen, kartoniert. — DM/Fr **6.80** / S 55,–

Spiele für Kleinkinder (2011) Von Dieter Kellermann, 80 S., kartoniert. — DM/Fr **5.80** / S 49,–

Kinderfeste daheim und in Gruppen. (4033) Von Gerda Blecher, 240 S., 320 Abbildungen, gebunden. — DM/Fr **24.80** / S 198,–

Kindergeburtstag Vorbereitung, Spiel und Spaß. (0287) Von Dr. Ilse Obrig, 104 S., 40 Abbildungen, 11 Zeichnungen, 9 Lieder mit Noten, kartoniert. — DM/Fr **5.80** / S 49,–

Tipps und Tapps Maschinenschreib-Fibel für Kinder. (0274) Von Hanns Kaus, 48 S., farbige Abbildungen, kartoniert. — DM/Fr **5.80** / S 49,–

Rat und Wissen für die ganze Familie

Advent und Weihnachten Basteln – Backen – Schmücken – Feiern. (4067) Von Margrit Gutta, Hanne Hangleiter, Felicitas Buttig, Ingeborg Rathmann, Gabriele Vocke, 152 S., 15 Farbtafeln, zahlreiche Abbildungen, kartoniert. — DM/Fr **12.80** / S 98,–

Alterssicherung Vorsorge nach Maß. Renten-Versicherungen – Geld und Wertanlagen. (0532) Von Johannes Beuthner, 224 S., kartoniert. — DM/Fr **16.80** / S 134,–

Die neue Lebenshilfe Biorhythmik Höhen und Tiefen der persönlichen Lebenskurven vorausberechnen und danach handeln. (0458) Von Walter A. Appel, 157 S., 63 Zeichnungen, Pappband. — DM/Fr **9.80** / S 78,–

So deutet man Träume Die Bildersprache des Unbewußten. (0444) Von Georg Haddenbach, 160 S., Pappband. — DM/Fr **9.80** / S 78,–

Sexualberatung (0402) Von Dr. Marianne Röhl, 168 S., 8 Farbtafeln, 17 Zeichnungen, Pappband. — DM/Fr **19.80** / S 158,–

Umgangsformen heute Die Empfehlungen des Fachausschusses für Umgangsformen. (4015) 312 S., 167 s/w-Fotos und 44 Abbildungen, gebunden. — DM/Fr **24,–** / S 192,–

Vorbereitung auf die Geburt Schwangerschaftsgymnastik, Atmung, Rückbildungsgymnastik. (0251) Von Sabine Buchholz, 112 S., 98 s/w-Fotos, kartoniert. — DM/Fr **6.80** / S 55,–

Das Babybuch Pflege · Ernährung · Entwicklung. (0531) Von Annelore Burkert, 136 S., 8 Farbtafeln, zahlreiche s/w-Fotos, kartoniert. — DM/Fr **12.80** / S 98,–

Wenn Sie ein Kind bekommen (4003) Von Ursula Klamroth, 240 S., 86 s/w-Fotos, 30 Zeichnungen, gebunden. — DM/Fr **19.80** / S 158,–

Babys lernen schwimmen (0497) Von Jean Fouace, 96 S., 46 Abbildungen, kartoniert. — DM/Fr **9.80** / S 78,–

Scheidung und Unterhalt nach dem neuen Eherecht. (0403) Von Rechtsanwalt H.T. Drewes, 109 S., mit Kosten- und Unterhaltstabellen, kartoniert. — DM/Fr **7.80** / S 65,–

Mietrecht Leitfaden für Mieter und Vermieter. (0479) Von Johannes Beuthner, 196 S., kartoniert. — DM/Fr **12.80** / S 98,–

Arbeitsrecht Praktischer Ratgeber für Arbeitnehmer und Arbeitgeber. (0594) Von Johannes Beuthner, ca. 192 S., kartoniert. — DM/Fr **16.80** / S 134,–

Wie soll es heißen? (0211) Von D. Köhr, 136 S., kartoniert.	**DM/Fr 5.80** S 49,–
Warum bekommen wir kein Kind? (0566) Von Dr. med. Johann Klahn, ca. 112 S., viele Zeichnungen, kartoniert. Voraussichtl. Erscheinungstermin Mai 1982.	ca.* **DM/Fr 8.80** S 70,–
So wird das Wetter (0569) Von Joseph Braun, 144 S.,46 s/w-Fotos, 6 Zeichnungen, kartoniert.	**DM/Fr 9.80** S 78,–
Haus oder Eigentumswohnung Planung – Finanzierung – Bauablauf. (4070) Von Rainer Wolff, 352 S., 16 Farbtafeln, 237 Zeichnungen und Grafiken, gebunden.	**DM/Fr 39,–** S 312,–
So spare ich 1981/82 noch mehr Lohnsteuer/Einkommensteuer Der Lohnsteuerjahresausgleich 1981 · Die Einkommensteuererklärung 1981 · Der Antrag auf Lohnsteuerermäßigung 1982. (0605) 96 S., Formulare und Tabellen, kartoniert.	**DM/Fr 14.80** S 118,–
Der Rechtsberater im Haus (4048) Von Karl-Heinz Hofmeister, 528 S., gebunden.	**DM/Fr 39,–** S 312,–
Erbrecht und Testament Mit Erläuterungen des Erbschaftssteuergesetzes von 1974. (0046) Von Dr. jur. H. Wandrey, 124 S., kartoniert.	**DM/Fr 6.80** S 55,–
Straßenverkehrsrecht Beispiele · Urteile · Erläuterungen. (0498) Von Johannes Beuthner, 192 S., kartoniert.	**DM/Fr 12.80** S 98,–
Falken-Handbuch **Astrologie** Charakterkunde · Schicksal · Liebe und Beruf · Berechnung und Deutung von Horoskopen · Aszendenttabelle. (4068) Von B.A. Mertz, mit einem Geleitwort von Hildegard Knef, 342 S., mit 60 erläuternden Grafiken, gebunden.	**DM/Fr 29.80** S 238,–
Liebeshoroskop für die 12 Sternzeichen Glück und Harmonie mit Ihrem Traumpartner. Alles über Chancen, Beziehungen, Erotik, Zärtlichkeit, Leidenschaft. (0587) Von Georg Haddenbach, 144 S., 12 Zeichnungen, gebunden.	**DM/Fr 6.80** S 55,–
Die 12 Sternzeichen im chinesischen Horoskop (0423) Von Georg Haddenbach, 128 S., Pappband.	**DM/Fr 9.80** S 78,–
Falken-Astrologischer Kalender (0559) Von B.A. Mertz, 192 S., 73 s/w-Fotos, 34 Zeichnungen, 58 Vignetten, kartoniert.	**DM/Fr 9.80** S 78,–
Aztekenhoroskop Deutung von Liebe und Schicksal nach dem Aztekenkalender. (0543) Von Christa-Maria und Richard Kerler, 160 S., 20 Zeichnungen, Pappband.	**DM/Fr 9.80** S 78,–
Das Super-Horoskop (0465) Von Georg Haddenbach, 175 S., Pappband.	**DM/Fr 9.80** S 78,–
Die 12 Sternzeichen Charakter, Liebe und Schicksal. (0385) Von Georg Haddenbach, 160 S., Pappband.	**DM/Fr 9.80** S 78,–
Selbst Wahrsagen mit Karten Die Zukunft in Liebe, Beruf und Finanzen. (0404) Von Rhea Koch, 112 S., viele Abbildungen, Pappband.	**DM/Fr 9.80** S 78,–
Wahrsagen mit Tarot-Karten (0482) Von Edwin J. Nigg, 112 S., 4 Farbtafeln, 52 s/w-Abbildungen, Pappband.	**DM/Fr 14.8** S 118,–

Falls durch besondere Umstände Preisänderungen notwendig werden, erfolgt Auftragserledigung zu dem bei der Lieferung gültigen Pre

Bestellschein FALKEN VERLAG

Erfüllungsort und Gerichtsstand für Vollkaufleute ist der jeweilige Sitz der Lieferfirma. Für alle übrigen Kunden gilt dieser Gerichtsstand für das Mahnverfahren.
Ich bestelle hiermit aus dem Falken Verlag GmbH, Postfach 1120, D-6272 Niedernhausen/Ts., durch die Buchhandlung:

_____ Ex. _____

_____ Ex. _____

_____ Ex. _____

_____ Ex. _____

_____ Ex. _____

_____ Ex. _____

Name:

Straße: Ort:

Datum: Unterschrift: